Charles Baudelaire

Die Blumen des Bösen

CHARLES BAUDELAIRE
DIE BLUMEN DES BÖSEN

Mit Zeichnungen von Horst Janssen

Auswahl, Übertragung und Nachwort von
Wilhelm Richard Berger

STEIDL VERLAG UND ARKANA VERLAG · GÖTTINGEN

1. Auflage September 1986
2. Auflage Dezember 1986
3. Auflage (überarbeitet) September 1987
4. Auflage September 1989

© Copyright: Steidl Verlag, Göttingen 1986, 1989 · © Copyright für die Zeichnungen Arkana Verlag, Göttingen und Horst Janssen · Alle Rechte, insbesondere das Recht der Vervielfältigung und Verbreitung, vorbehalten. Kein Teil des Werkes darf in irgendeiner Form (durch Fotokopie, Mikrofilm oder ein anderes Verfahren) ohne schriftliche Genehmigung des Verlages reproduziert oder unter Verwendung elektronischer Systeme verarbeitet, vervielfältigt oder verbreitet werden · Umschlaggestaltung: Gerhard Steidl, unter Verwendung einer Zeichnung von Horst Janssen · Gesetzt aus der Bodoni Antiqua der H. Berthold AG Gesamtherstellung: Steidl, Druckerei und Verlag, Düstere Straße 4, 3400 Göttingen
ISBN 3-88243-056-7

AU LECTEUR

La sottise, l'erreur, le péché, la lésine,
Occupent nos esprits et travaillent nos corps,
Et nous alimentons nos aimables remords,
Comme les mendiants nourrissent leur vermine.

Nos péchés sont têtus, nos repentirs sont lâches;
Nous nous faisons payer grassement nos aveux,
Et nous rentrons gaiement dans le chemin bourbeux,
Croyant par de vils pleurs laver toutes nos taches.

Sur l'oreiller du mal c'est Satan Trismégiste
Qui berce longuement notre esprit enchanté,
Et le riche métal de notre volonté
Est tout vaporisé par ce savant chimiste.

C'est le Diable qui tient les fils qui nous remuent!
Aux objets répugnants nous trouvons des appas;
Chaque jour vers l'Enfer nous descendons d'un pas,
Sans horreur, à travers des ténèbres qui puent.

Ainsi qu'un débauché pauvre qui baise et mange
Le sein martyrisé d'une antique catin,
Nous volons au passage un plaisir clandestin
Que nous pressons bien fort comme une vieille orange.

Serré, fourmillant, comme un million d'helminthes,
Dans nos cerveaux ribote un peuple de Démons,
Et, quand nous respirons, la Mort dans nos poumons
Descend, fleuve invisible, avec de sourdes plaintes.

AN DEN LESER

Dummheit und Irrtum, Sündenstand und Geiz beschweren
Uns den Geist und walken tüchtig unsern Leib,
Wir füttern das Gewissen wie zum Zeitvertreib,
Wie Bettler sind wir, die ihr Ungeziefer nähren.

Störrisch sind unsre Sünden, lau ist unsre Reue;
Mit Selbstbezichtigungen füllen wir die Taschen,
Mit ein paar Tränen sind die Flecken fortgewaschen,
Und fröhlich wandeln wir den schlammigen Pfad aufs neue!

Satan der Dreimalgroße auf dem Pfühl des Bösen
Wiegt den verhexten Geist in trügerischer Gunst,
Als allerprobter Alchimist kennt er die Kunst,
In Rauch das reiche Erz des Willens aufzulösen.

Wie wir uns drehen, hat der Teufel uns am Faden,
Am abgeschmackten Zeug finden wir Appetit,
Tagtäglich tiefer steigt zur Hölle unser Schritt,
Uns schrecken Finsternisse nicht noch Stank und Schwaden.

Ein armer Wollüstling, der unter wilden Bissen
Die marterwunde Brust der alten Hure küßt,
So stehlen wir uns schnell ein heimliches Gelüst,
Das wir wie eine alte Frucht zu pressen wissen.

Wie der Millionen Würmer wimmelnder Verein
So praßt in unsern Hirnen eine Höllenbrut,
Und wenn wir atmen, dringt die unsichtbare Flut
Des Tods dumpfächzend tief in unsre Lungen ein.

Si le viol, le poison, le poignard, l'incendie,
N'ont pas encor brodé le leurs plaisants dessins
Le canevas banal de nos piteux destins,
C'est que notre âme, hélas! n'est pas assez hardie.

Mais parmi les chacals, les panthères, les lices,
Les singes, les scorpions, les vautours, les serpents,
Les monstres glapissants, hurlants, grognants, rampants,
Dans la ménagerie infâme de nos vices,

Il en est un plus laid, plus méchant, plus immonde!
Quoiqu'il ne pousse ni grands gestes ni grands cris,
Il ferait volontiers de la terre un débris
Et dans un bâillement avalerait le monde;

C'est l'Ennui! – l'œil chargé d'un pleur involontaire,
Il rêve d'échafauds en fumant son houka.
Tu le connais, lecteur, ce monstre délicat,
– Hypocrite lecteur, – mon semblable, – mon frère!

Wenn Notzucht, Gift und Dolch, Brandstiftung nicht
Schon lang mit ihren hübschen Mustern und Bordüren
Den tristen Stickgrund unsres armen Daseins zieren,
So deshalb leider, weil es uns an Mut gebricht.

Doch unter den Schakalen, Panthern und Skorpionen,
Den Affen, Geiern, Schlangen, Hündinnen in Brunst,
Dem Ungetier, das kläfft und heult und kriecht und grunzt
In dem verruchten Zoo, wo unsre Laster wohnen,

Ist eins noch häßlicher, noch böser und gemein!
Mag es die Drohgebärde und den Schrei verschmähn,
Es würde gern die ganze Welt in Trümmern sehn
Und schlänge sie mit einem Gähnen gern hinein:

Der Überdruß! Mit Augen, drein sich Tränen schleichen,
Die Wasserpfeife schmauchend, träumt er vom Blutgericht,
Du kennst es, Leser, dieses Scheusal ausgepicht,
Scheinheiliger Leser du – mein Bruder – meinesgleichen!

L'ALBATROS

Souvent, pour s'amuser, les hommes d'équipage
Prennent des albatros, vastes oiseaux des mers,
Qui suivent, indolents compagnons de voyage,
Le navire glissant sur les gouffres amers.

A peine les ont-ils déposés sur les planches,
Que ces rois de l'azur, maladroits et honteux,
Laissent piteusement leurs grandes ailes blanches
Comme des avirons traîner à côté d'eux.

Ce voyageur ailé, comme il est gauche et veule!
Lui, naguère si beau, qu'il est comique et laid!
L'un agace son bec avec un brûle-gueule,
L'autre mime, en boitant, l'infirme qui volait!

Le Poète est semblable au prince des nuées
Qui hante la tempête et se rit de l'archer;
Exilé sur le sol au milieu des huées,
Ses ailes de géant l'empêchent de marcher.

DER ALBATROS

Oft fangen die Matrosen, um sich zu vergnügen,
Den mächtigen Meeresvogel ein, den Albatros;
Den Schiffen, die den bittern Abgrund überfliegen,
Folgt er in gleichgemut der Fahrt geselltem Troß.

Kaum aber ist er hingezwungen auf die Planken,
Läßt dieser König des Azur in seiner Scham
Die großen weißen Flügel kläglich an den Flanken
Wie Ruder niederhängen, ungeschickt und lahm.

Wie linkisch er sich hinschleppt in der Flügel Steife!
Er, sonst so schön, wie ist er häßlich in der Schmach!
Den Schnabel neckt ihm einer mit der Stummelpfeife,
Ein andrer, hinkend, äfft den Flug des Krüppels nach!

Des Dichters Ebenbild ist dieser Fürst der Wolke,
Im Sturm ist er behaust, verlacht des Schützen Strang,
Verbannt zur Erde aber und umhöhnt vom Volke,
Hindern die riesenhaften Flügel seinen Gang.

CORRESPONDANCES

La Nature est un temple où de vivants piliers
Laissent parfois sortir de confuses paroles;
L'homme y passe à travers des forêts de symboles
Qui l'observent avec des regards familiers.

Comme de longs échos qui de loin se confondent
Dans une ténébreuse et profonde unité,
Vaste comme la nuit et comme la clarté,
Les parfums, les couleurs et les sons se répondent.

Il est des parfums frais comme des chairs d'enfants,
Doux comme les hautbois, verts comme les prairies,
– Et d'autres, corrompus, riches et triomphants,

Ayant l'expansion des choses infinies,
Comme l'ambre, le musc, le benjoin et l'encens,
Qui chantent les transports de l'esprit et des sens.

ENTSPRECHUNGEN

Die Natur ist ein Tempel, wo aus lebenden Säulen
Zuweilen verworrene Worte entweichen;
Der Mensch durchwandelt dort Wälder von Zeichen,
Deren Blicke vertraulich auf ihm verweilen.

Wie Echos langhallend und fernhin fort
In tiefem, finsteren Einklang verrauschen,
Weit wie die Nacht, wie die Helle so tauschen
Die Düfte, die Farben, die Klänge ihr Wort.

Es gibt Düfte wie rosige Kinder so frisch,
So grün wie Wiesen, so sanft wie ein Horn –
Und andre, verderbt, reich und gebieterisch,

Die einander sich grenzenlos dehnend durchdringen
Wie Ambra und Moschus und Weihrauchkorn
Und des Geists und der Sinne Verzückungen singen.

LE MAUVAIS MOINE

Les cloîtres anciens sur leurs grandes murailles
Étalaient en tableaux la sainte Vérité,
Dont l'effet, réchauffant les pieuses entrailles,
Tempérait la froideur de leur austérité.

En ces temps où du Christ florissaient les semailles,
Plus d'un illustre moine, aujourd'hui peu cité,
Prenant pour atelier le champ des funérailles,
Glorifiait la Mort avec simplicité.

– Mon âme est un tombeau que, mauvais cénobite,
Depuis l'éternité je parcours et j'habite;
Rien n'embellit les murs de ce cloître odieux.

O moine fainéant! quand saurai-je donc faire
Du spectacle vivant de ma triste misère
Le travail de mes mains et l'amour de mes yeux?

DER SCHLECHTE MÖNCH

Die alten Klöster stellten an den hohen Wänden
Die heilige Wahrheit dar auf ihren Andachtsbildern,
Dem frommen Innern etwas Wärme auszuspenden
Und so die kalte Fron des Büßertums zu lindern.

In jenen Zeiten hat – es reiften Christi Ähren –
Manch ein berühmter Mönch, des Name nicht mehr zählt,
Den Tod in schlichter Herzenseinfalt zu verklären,
Zu seiner Werkstatt sich das Gräberfeld erwählt.

Ein Grab ist meine Seele, das von Ewigkeit,
Ein schlechter Büßer, ich durchmesse und behause;
Nichts schmückt die Wände dieser widerwärtigen Klause.

O fauler Mönch! Wann endlich wach ich auf und wende
Das Schauspiel meines Lebens aus solch trübem Leid
Zu meiner Augen Lust, zum Tagwerk meiner Hände?

L'ENNEMI

Ma jeunesse ne fut qu'un ténébreux orage,
Traversé çà et là par de brillants soleils;
Le tonnerre et la pluie ont fait un tel ravage,
Qu'il reste en mon jardin bien peu de fruits vermeils.

Voilà que j'ai touché l'automne des idées,
Et qu'il faut employer la pelle et les râteaux
Pour rassembler à neuf les terres inondées,
Où l'eau creuse des trous grands comme des tombeaux.

Et qui sait si les fleurs nouvelles que je rêve
Trouveront dans ce sol lavé comme une grève
Le mystique aliment qui ferait leur vigueur?

– O douleur! ô douleur! Le Temps mange la vie,
Et l'obscur Ennemi qui nous ronge le cœur
Du sang que nous perdons croît et se fortifie!

DER FEIND

Ein düstres Wetter: so ging meine Jugend hin,
Nur hier und da, daß ein paar Sonnenstrahlen streiften;
Der Donner wütete, der Regen so darin,
Daß mir im Garten wenig rote Früchte reiften.

Nun aber rührt der Herbst mich der Gedanken an,
Die Schaufel gilt es nun zu brauchen und den Karst,
Das weggeschwemmte Erdreich scharr ich neu heran,
Wo es, gehöhlt vom Wasser, grabestief zerbarst.

Ob aber je in solchen ausgewaschenen Schründen
Die neuen Blumen, die ich mir erträume, finden,
Was ihr Gedeihn an mystischem Verzehr erheischt?

– O namenloser Schmerz! Die Zeit frißt unser Leben,
Indes der finstre Feind, der uns das Herz zerfleischt,
Wächst und gewaltig wird vom Blut, das wir vergeben.

LE GUIGNON

Pour soulever un poids si lourd,
Sisyphe, il faudrait ton courage !
Bien qu'on ait du cœur à l'ouvrage,
L'Art est long et le Temps est court.

Loin des sépultures célèbres,
Vers un cimetière isolé,
Mon cœur, comme un tambour voilé,
Va battant des marches funèbres.

– Maint joyau dort enseveli
Dans les ténèbres et l'oubli,
Bien loin des pioches et des sondes ;

Mainte fleur épanche à regret
Son parfum doux comme un secret
Dans les solitudes profondes.

UNSTERN

Solch eine schwere Last zu heben,
Braucht, Sisyphus, es deine Stärke!
Und geht man auch beherzt zu Werke:
Lang ist die Kunst und kurz das Leben.

Fern von erlauchter Gräber Male,
Einsamen Totenacker lang,
Schlägt wie gedämpfter Trommelklang
Mein Herz beim düstren Funerale.

– Manch Kleinod schlummert verachtet,
Von finsterm Vergessen umnachtet,
Zu tief für Senkblei und Scheit;

Manch freudlose Blumen vergießen
Den Duft, so geheimen und süßen,
In tiefeste Einsamkeit.

BOHÉMIENS EN VOYAGE

La tribu prophétique aux prunelles ardentes
Hier s'est mise en route, emportant ses petits
Sur son dos, ou livrant à leurs fiers appétits
Le trésor toujours prêt des mamelles pendantes.

Les hommes vont à pied sous leurs armes luisantes
Le long des chariots où les leurs sont blottis,
Promenant sur le ciel des yeux appesantis
Par le morne regret des chimères absentes.

Du fond de son réduit sablonneux, le grillon,
Les regardant passer, redouble sa chanson;
Cybèle, qui les aime, augmente ses verdures,

Fait couler le rocher et fleurir le désert
Devant ces voyageurs, pour lesquels est ouvert
L'empire familier des ténèbres futures.

ZIGEUNER UNTERWEGS

Der zukunftskundige Stamm mit seinen glühnden Augen
Brach gestern auf. Die Kleinen trägt man auf dem Rücken
Oder gewährt, daß sie in gierigem Entzücken
Am stets bereiten Schatz hängender Brüste saugen.

Die Männer gehn zu Fuß, vom Waffenglanz umfunkelt,
Zur Seit der Karren, wo die Ihren kauernd hocken,
Und durch die Himmel, die mit fernen Wundern locken,
Wandert ihr müder Blick, von Sehnsucht trüb verdunkelt.

Aus ihrem Sandloch sieht die Grille, wie sie ziehen,
Und lauter tönt ihr Singen und verdoppelt schön;
Kybele, die sie liebt, vermehrt ihr Grün sogleich

Und läßt den Felsen fließen und die Wüste blühen
Vor diesen Fahrenden, vor denen offenstehn
Der Zukunft Finsternisse: ein vertrautes Reich.

DON JUAN AUX ENFERS

Quand Don Juan descendit vers l'onde souterraine
Et lorsqu'il eut donné son obole à Charon,
Un sombre mendiant, l'œil fier comme Antisthène,
D'un bras vengeur et fort saisit chaque aviron.

Montrant leurs seins pendants et leurs robes ouvertes,
Des femmes se tordaient sous le noir firmament,
Et, comme un grand troupeau de victimes offertes,
Derrière lui traînaient un long mugissement.

Sganarelle en riant lui réclamait ses gages,
Tandis que Don Luis avec un doigt tremblant
Montrait à tous les morts errant sur les rivages
Le fils audacieux qui railla son front blanc.

Frissonnant sous son deuil, la chaste et maigre Elvire,
Près de l'époux perfide et qui fut son amant,
Semblait lui réclamer un suprême sourire
Où brillât la douceur de son premier serment.

Tout droit dans son armure, un grand homme de pierre
Se tenait à la barre et coupait le flot noir;
Mais le calme héros, courbé sur sa rapière,
Regardait le sillage et ne daignait rien voir.

DON JUAN IN DER UNTERWELT

Als Don Juan hinabstieg in die Unterwelt
Und Charon er den Sold gezahlt fürs Totenschiff,
Ein finstrer Bettler, stolzen Auges wie ein Held
Mit rächendem und starkem Arm die Ruder griff.

Die schlaffen Brüste weisend unter offnen Hüllen,
So unter schwarzem Himmel krümmten Fraun sich dort,
Wie einer dargebrachten Opferherde Brüllen
Wälzte ihr Stöhnen endlos hinter ihm sich fort.

Es heischte Sganarell nun lachend seinen Lohn,
Mit bebender Gebärde wies Don Luis indessen
Den Toten, die am Ufer irrten, seinen Sohn,
Der einst der weißen Stirn zu spotten sich vermessen.

Die keusche, hagere Elvira ließ, umflossen
Vom Witwenschleier, dem treulosen Gemahl sich sehn;
Die einst die Süße seines ersten Schwurs genossen,
Schien nun ein letztes Lächeln von ihm zu erflehn.

Ein Mann aus Stein, im Harnisch, ohne sich zu regen,
Er stand am Steuer und durchschnitt die schwarze Flut,
Doch unbewegt der Held, gestützt auf seinen Degen,
Der in die Kielspur blickt und nichts zu sehn geruht.

L'IDÉAL

Ce ne seront jamais ces beautés de vignettes,
Produits avariés, nés d'un siècle vaurien,
Ces pieds à brodequins, ces doigts à castagnettes,
Qui sauront satisfaire un cœur comme le mien.

Je laisse à Gavarni, poète des chloroses,
Son troupeau gazouillant de beautés d'hôpital,
Car je ne puis trouver parmi ces pâles roses
Une fleur qui ressemble à mon rouge idéal.

Ce qu'il faut à ce cœur profond comme un abîme,
C'est vous, Lady Macbeth, âme puissante au crime,
Rêve d'Eschyle éclos au climat des autans;

Ou bien toi, grande Nuit, fille de Michel-Ange,
Qui tors paisiblement dans une pose étrange
Tes appas façonnés aux bouches des Titans!

DAS IDEAL

Nein, niemals sind es diese Schönen der Vignetten,
Nichtswürdiger Epoche abgenutztes Bild,
Schnürstiefel nicht noch Klapperwerk der Kastagnetten,
Woran ein Herz wie meines sein Verlangen stillt.

Dem Griffel Gavarnis will gern ich überlassen
Sein Zwitschervolk bleichsüchtiger Schönen vom Spital,
Find ich doch keine Rose unter diesen blassen,
Die ebenbürtig meinem roten Ideal.

Denn was zutiefst im Herzensabgrund ich begehre,
Lady Macbeth, seid Ihr, o Seele, groß zum Mord,
Ein Traum des Aischylos, geheckt bei rauhem Nord;

Bist du, des Michelangelo erhabene Nacht,
Die schlummernd du und bei verrenkter Glieder Schwere
Uns Reize zeigst, für der Titanen Mund gemacht.

LES BIJOUX

La très chère était nue, et, connaissant mon cœur,
Elle n'avait gardé que ses bijoux sonores,
Dont le riche attirail lui donnait l'air vainqueur
Qu'ont dans leurs jours heureux les esclaves des Mores.

Quand il jette en dansant son bruit vif et moqueur,
Ce monde rayonnant de métal et de pierre
Me ravit en extase, et j'aime à la fureur
Les choses où le son se mêle à la lumière.

Elle était donc couchée et se laissait aimer,
Et du haut du divan elle souriait d'aise
A mon amour profond et doux comme la mer,
Qui vers elle montait comme vers sa falaise.

Les yeux fixés sur moi, comme un tigre dompté,
D'un air vague et rêveur elle essayait des poses,
Et la candeur unie à la lubricité
Donnait un charme neuf à ses métamorphoses;

Et son bras et sa jambe, et sa cuisse et ses reins,
Polis comme de l'huile, onduleux comme un cygne,
Passaient devant mes yeux clairvoyants et sereins;
Et son ventre et ses seins, ces grappes de ma vigne,

S'avançaient, plus câlins que les Anges du mal,
Pour troubler le repos où mon âme était mise,
Et pour la déranger du rocher de cristal
Où, calme et solitaire, elle s'était assise.

DAS GESCHMEIDE

Die Liebste ruhte nackt, doch kannte sie mein Herz
Und war mit klingendem Geschmeide noch geschmückt
Und blickte sieghaft in der reichen Rüstung Erz,
So wie an frohen Tagen die Maurensklavin blickt.

Wenn diese strahlende Welt aus Steinen und Metallen
Mit spöttischem Geklirr lebhaft sich regt im Tanz,
Reißt mich Verzückung hin, denn bis zum Wahn verfallen
Bin ich an alles, wo sich Klang vermischt und Glanz.

Nun also ruhte sie, gegeben an die Liebe,
Und wohlig lächelte vom Divan sie mich an,
Und wie das Meer so tief und sanft war meine Liebe
Und stieg wie zu der Felsenwand zu ihr hinan.

Den Blick gezähmten Tigers unverwandt in meinem,
Bot sie sich träumerisch in allen Posen dar,
Und ihre Unschuld, ihre Lüsternheit in einem
Verliehen Reize ihr so neu wie wandelbar.

Ihr Arm, ihr Bein und ihre Schenkel, ihre Lenden,
So glatt wie Öl und wie ein Schwan so biegsam weich,
Mein heitres klares Auge kamen sie zu blenden,
Und Bauch und Brüste, Trauben meines Weinbergs gleich,

Sie nahten sich, mir meinen Frieden zu zerstören,
Viel schmeichlerischer, als des Bösen Engel tun,
Die Einsamkeit der Seele kamen sie betören
Auf dem kristallnen Fels, den sie gewählt zu ruhn.

Je croyais voir unis par un nouveau dessin
Les hanches de l'Antiope au buste d'un imberbe,
Tant sa taille faisait ressortir son bassin.
Sur ce teint fauve et brun le fard était superbe !

– Et la lampe s'étant résignée à mourir,
Comme le foyer seul illuminait la chambre,
Chaque fois qu'il poussait un flamboyant soupir,
Il inondait de sang cette peau couleur d'ambre !

Antiopes Hüften und die Schultern eines Knaben
Glaubt ich in völlig neuer Kunst vereint zu schaun;
Welch kühnen Umriß dieser Leib, dies Becken gaben,
Wie schön die Schminke auf der Haut so fahl und braun!

– Und als die Lampe sterbend still verrauchte,
Erhellt' den Raum allein noch des Kamines Glut,
Sooft er aber seine heißen Seufzer hauchte,
So übergoß er diese ambrafarbne Haut mit Blut.

PARFUM EXOTIQUE

Quand, les deux yeux fermés, en un soir chaud d'automne,
Je respire l'odeur de ton sein chaleureux,
Je vois se dérouler des rivages heureux
Qu'éblouissent les feux d'un soleil monotone;

Une île paresseuse où la nature donne
Des arbres singuliers et des fruits savoureux;
Des hommes dont le corps est mince et vigoureux,
Et des femmes dont l'œil par sa franchise étonne.

Guidé par ton odeur vers de charmants climats,
Je vois un port rempli de voiles et de mâts
Encor tout fatigués par la vague marine,

Pendant que le parfum des verts tamariniers,
Qui circule dans l'air et m'enfle la narine,
Se mêle dans mon âme au chant des mariniers.

LA CHEVELURE

O toison, moutonnant jusque sur l'encolure!
O boucles! O parfum chargé de nonchaloir!
Extase! Pour peupler ce soir l'alcôve obscure
Des souvenirs dormant dans cette chevelure,
Je la veux agiter dans l'air comme un mouchoir!

La langoureuse Asie et la brûlante Afrique,
Tout un monde lointain, absent, presque défunt,
Vit dans tes profondeurs, forêt aromatique!
Comme d'autres esprits voguent sur la musique,
Le mien, ô mon amour! nage sur ton parfum.

J'irai là-bas où l'arbre et l'homme, pleins de sève,
Se pâment longuement sous l'ardeur des climats;
Fortes tresses, soyez la houle qui m'enlève!
Tu contiens, mer d'ébène, un éblouissant rêve
De voiles, de rameurs, de flammes et de mâts:

Un port retentissant où mon âme peut boire
A grands flots le parfum, le son et la couleur;
Où les vaisseaux, glissant dans l'or et dans le moire,
Ouvrent leurs vastes bras pour embrasser la gloire
D'un ciel pur où frémit l'éternelle chaleur.

Je plongerai ma tête amoureuse d'ivresse
Dans ce noir océan où l'autre est enfermé;
Et mon esprit subtil que le roulis caresse
Saura vous retrouver, ô féconde paresse,
Infinis bercements du loisir embaumé!

EXOTISCHER DUFT

Wenn ich geschlossnen Augs an einem warmen Abend
Im Herbst den Dufthauch atme deiner heißen Brüste,
Entrollt vor meinem Blick sich eine selige Küste,
Mich mit dem Glutglanz immer gleicher Sonne labend.

Ein Eiland voller Muße, von der Natur gesegnet,
Seltsame Bäume gibt es, Früchte voller Saft,
Die Männer schlank von Wuchs und von gesunder Kraft,
Du staunst, wie frei der Blick der Frauen dir begegnet.

Von deinem Duft in jene Zauberwelt verschlagen,
Schau einen Hafen ich, wo Mast und Segel ragen,
Noch ganz ermüdet von dem Schaukelschlag der Wellen,

Indes die Wohlgerüche grüner Tamarinden,
Die rings die Luft durchwehn und mir die Nüster schwellen,
In meinem Geist dem Sang der Schiffer sich verbinden.

DAS HAAR

O Vlies, in das sich kraus umwallt die Schultern hüllen!
O Locken! O von Trägheit ganz beladner Duft!
O Lust! Heut nacht das dunkle Schlafgemach zu füllen
Mit Bildern, die erinnernd solchem Haar entquillen,
Will ich es wie ein Tuch sacht schwenken in der Luft!

Das Schmachten Asiens, Afrikas glühnde Breiten,
Ein ganzer Erdkreis, fern, entschwunden fast dem Sinn,
Er lebt, durchwürzter Wald, in deinen tiefen Weiten!
Wie andrer Seelen auf der Flut der Töne gleiten:
Die meine, Liebste, schwimmt auf deinem Duft dahin.

Dort will ich hingehn, wo voll Säften Mensch und Baum
Ohnmächtig dämmern in der Tropenhitze Glasten;
Tragt, starke Flechten, fort mich auf der Woge Saum!
Du, Meer von Ebenholz, birgst einen lichten Traum
Von Segeln, Rudervolk, von Wimpeln und von Masten.

Ein lärmend lauter Haufen, wo mein Herz in weiten
Und vollen Strömen Duft und Klang und Farbe trinkt
Und wo die Schiffe, die in Gold und Seide gleiten,
Mit offnen Armen sich dem Licht entgegenbreiten,
Das flimmernd heiß am ewig reinen Himmel blinkt.

Mein Haupt, verzückt von Trunkenheit, will ich versenken
In dieses Meer, das schwarz ein anderes umschließt,
Und eingelullt durch das Geschaukel wird mein Denken
Sich finderisch an deiner reichen Trägheit tränken,
Endloses Wiegen, das balsamisch sich ergießt.

Cheveux bleus, pavillon de ténèbres tendues,
Vous me rendez l'azur du ciel immense et rond;
Sur les bords duvetés de vos mèches tordues
Je m'enivre ardemment des senteurs confondues
De l'huile de coco, du musc et du goudron.

Longtemps! toujours! ma main dans ta crinière lourde
Sèmera le rubis, la perle et le saphir,
Afin qu'à mon désir tu ne sois jamais sourde!
N'es-tu pas l'oasis où je rêve, et la gourde
Où je hume à longs traits le vin du souvenir?

O blaues Haar, Gezelt von ausgespannten Schatten,
Du wölbst den großen Glanz des Himmels um mich her;
Auf des geringelten Geflechtes flaumgesäumten Matten
Berauschen feurig mich Essenzen, wo sich gatten
Der Ruch von Kokosöl, von Moschus und von Teer.

Unabgesetzt soll in dein schweres Haargewirre
Die Hand Rubinen, Perlen und Saphire streun,
Damit dein Kaltsinn niemals meine Lust beirre!
Oase du, an der ich träume, Trinkgeschirre,
aus dem ich langen Zugs schlürf der Erinnrung Wein!

*

Tu mettrais l'univers entier dans ta ruelle,
Femme impure! L'ennui rend ton âme cruelle.
Pour exercer tes dents à ce jeu singulier,
Il te faut chaque jour un cœur au râtelier.
Tes yeux, illuminés ainsi que des boutiques
Et des ifs flamboyants dans les fêtes publiques,
Usent insolemment d'un pouvoir emprunté,
Sans connaître jamais la loi de leur beauté.

Machine aveugle et sourde, en cruautés féconde!
Salutaire instrument, buveur du sang du monde,
Comment n'as-tu pas honte et comment n'as-tu pas
Devant tous les miroirs vu pâlir tes appas?
La grandeur de ce mal où tu te crois savante
Ne t'a donc jamais fait reculer d'épouvante,
Quand la nature, grande en ses desseins cachés,
De toi se sert, ô femme, ô reine des péchés,
– De toi, vil animal, – pour pétrir un génie?

O fangeuse grandeur! sublime ignominie!

*

Du nähmest wohl die ganze Welt ins Bett hinein,
Unzüchtig Weib! Der Stumpfsinn läßt dich grausam sein.
Daß deine Zähne bei dem Spiele nie versagen,
Mußt jeden Tag du übend in ein Herz sie schlagen.
Dein Auge, gleißend grell so wie ein Kirmeszelt,
Wie Fackelschein, wenn er ein großes Fest erhellt,
Genießt sich schamlos in geborgter Zaubermacht
Und hat des Maßes seiner Schönheit nie gedacht.

Maschine, blind und taub, mit Grausamkeit bewehrt,
Heilsames Werkzeug du, vom Blut der Welt genährt!
Wie kommt es, daß du dich nicht schämst, wie kann geschehn,
Daß du im Spiegel nie hast deine Reize bleichen sehn?
Und jenes Böse, des du kundig glaubst zu sein,
Flößt seine Größe nie dir einen Schauder ein,
Wenn planvoll die Natur aus unerforschten Gründen
Sich dein bedient, o Weib, o Königin der Sünden,
Ja deiner, niedrig Tier, daß ein Genie gerät?

O hehre Schmach, o schmutzbefleckte Majestät!

SED NON SATIATA

Bizarre déité, brune comme les nuits,
Au parfum mélangé de musc et de havane,
Œuvre de quelque obi, le Faust de la savane,
Sorcière au flanc d'ébène, enfant des noirs minuits,

Je préfère au constance, à l'opium, au nuits,
L'élixir de ta bouche où l'amour se pavane;
Quand vers toi mes désirs partent en caravane,
Tes yeux sont la citerne où boivent mes ennuis.

Par ces deux grands yeux noirs, soupiraux de ton âme,
O démon sans pitié! verse-moi moins de flamme;
Je ne suis pas le Styx pour t'embrasser neuf fois,

Hélas! et je ne puis, Mégère libertine,
Pour briser ton courage et te mettre aux abois,
Dans l'enfer de ton lit devenir Proserpine!

SED NON SATIATA

Fremd sonderbare Gottheit, braun wie die Nächte,
Nach Moschus duftend und dem Tabak von Havannen,
Werk eines Magiers, eines Faustus der Savannen,
Hexe von Ebenholz, Kind schwarzer Mitternächte!

Nicht Kapwein und nicht Opium und Burgunder schenken
Solch Elixier ein wie dein Mund, wo Lieb sich brüstet;
Wenn mein Verlangen sich zur Karawane rüstet,
An der Zisterne deiner Augen wird mein Gram sich tränken.

Laß lindre Glut aus diesen schwarzen Augen dringen,
Den Kellerlöchern deiner Seele, Dämon ohn Erbarmen!
Ach könnt ich neunmal dich so wie der Styx umarmen

Und dich ein einzig Mal, ausschweifende Megäre,
Bis zur Erschöpfung hetzen, deinen Stolz bezwingen,
Daß ich im Höllenbett Proserpina dir wäre!

LE SERPENT QUI DANSE

Que j'aime voir, chère indolente,
    De ton corps si beau,
Comme une étoffe vacillante,
    Miroiter la peau !

Sur ta chevelure profonde
    Aux âcres parfums,
Mer odorante et vagabonde
    Aux flots bleus et bruns,

Comme un navire qui s'éveille
    Au vent du matin,
Mon âme rêveuse appareille
    Pour un ciel lointain.

Tes yeux, où rien ne se révèle
    De doux ni d'amer,
Sont deux bijoux froids où se mêle
    L'or avec le fer.

A te voir marcher en cadence,
    Belle d'abandon,
On dirait un serpent qui danse
    Au bout d'un bâton.

Sous le fardeau de ta paresse
    Ta tête d'enfant
Se balance avec la mollesse
    D'un jeune éléphant,

DIE TANZENDE SCHLANGE

Wie gern, Geliebte, ich dich schau
Und deinen schönen Leib,
Den Spiegelglanz auf deiner Haut,
Aufschimmernd wie von Seid'!

Dein tiefes Haargelock durchstreifend
Mit seinem herben Ruch,
Ein duftend Meer und weithin schweifend
Mit blau und brauner Flut,

Ein Schiff, wenn träumend es erwacht
Im ersten Morgenwind,
Fährt meine Seele aus der Nacht
Auf ferne Himmel hin.

Dein Aug, wo nichts sich offenbart,
Ob bitter es, ob hold,
Ist wie ein kalt Juwel, gepaart
Aus Eisen und aus Gold.

In deinem taktgewiegten Gange,
Schön solch gelassen Maß,
Gleichst du dem Tanzen einer Schlange
Am Ende eines Stabs.

Beschwert von seiner Trägheit Last
Wiegt sich dein Kinderhaupt
Mit jener sanften Weichheit fast
Des jungen Elefants.

Et ton corps se penche et s'allonge
    Comme un fin vaisseau
Qui roule bord sur bord et plonge
    Ses vergues dans l'eau.

Comme un flot grossi par la fonte
    Des glaciers grondants,
Quand l'eau de ta bouche remonte
    Au bord de tes dents,

Je crois boire un vin de Bohême,
    Amer et vainqueur,
Un ciel liquide qui parsème
    D'étoiles mon cœur !

Es neigt dein Leib und dehnt sich wieder,
Ein Segler, schlank gebaut,
Der Seit zur Seite rollend nieder
Die Rahn ins Wasser taucht.

Wenn wie der Fluß, der dröhnend schwillt
Vom Eis der Gletscherwand,
Das Wasser deines Mundes quillt
Zu deiner Zähne Rand,

Ist mir, als tränk ich Böhmerwein,
So sieghaft und so herb –
Ein Himmel, der mit Sternenschein
Mir übersät das Herz.

UNE CHAROGNE

Rappelez-vous l'objet que nous vîmes, mon âme,
    Ce beau matin d'été si doux:
Au détour d'un sentier une charogne infâme
    Sur un lit semé de cailloux,

Les jambes en l'air, comme une femme lubrique,
    Brûlante et suant les poisons,
Ouvrait d'une façon nonchalante et cynique
    Son ventre plein d'exhalaisons.

Le soleil rayonnait sur cette pourriture,
    Comme afin de la cuire à point,
Et de rendre au centuple à la grande Nature
    Tout ce qu'ensemble elle avait joint;

Et le ciel regardait la carcasse superbe
    Comme une fleur s'épanouir.
La puanteur était si forte, que sur l'herbe
    Vous crûtes vous évanouir.

Les mouches bourdonnaient sur ce ventre putride,
    D'où sortaient de noirs bataillons
De larves, qui coulaient comme un épais liquide
    Le long de ces vivants haillons.

Tout cela descendait, montait comme une vague,
    Ou s'élançait en pétillant;
On eût dit que le corps, enflé d'un souffle vague,
    Vivait en se multipliant.

EIN AAS

Gedenk des Anblicks, meine Seele, der uns bannte
An jenem schönen Sommertag:
Ein schauderhaftes Aas, dort wo der Weg sich wandte,
Auf einem Bett von Kieseln lag.

Die Beine in der Luft, so wie ein geiles Weib,
Gab glühend in der Gifte Schweiß
Gleichgültig es und schamlos seinen offnen Leib
Voll übelsten Gestankes preis.

Die Sonne strahlte heiß auf den Kadaver nieder,
Als koche sie die Fäulnis gar,
Daß hundertfältig die Natur empfange wieder,
Was durch sie einsgeworden war.

Der Himmel auf das prächtige Gerippe sah,
Dies blumengleich erblühnde Aas;
So stark war der Gestank, daß einer Ohnmacht nah
Du hinzusinken schienst ins Gras.

Die Fliegen summten über dieses Bauches Fäule,
Vom schwarzen Heer der Maden voll,
Das auskroch und wie zäher Saft um alle Teile
Des ganz zerfetzten Lebens quoll.

Das alles hob und senkte sich wie eine Welle,
Die schillernd auf- und niederschwebt,
Es war, als ob den Leib ein sachter Atem schwelle,
Und tausendfach schien er belebt.

Et ce monde rendait une étrange musique,
    Comme l'eau courante et le vent,
Ou le grain qu'un vanneur d'un mouvement rythmique
    Agite et tourne dans son van.

Les formes s'effaçaient et n'étaient plus qu'un rêve,
    Une ébauche lente à venir,
Sur la toile oubliée, et que l'artiste achève
    Seulement par le souvenir.

Derrière les rochers une chienne inquiète
    Nous regardait d'un œil fâché,
Épiant le moment de reprendre au squelette
    Le morceau qu'elle avait lâché.

— Et pourtant vous serez semblable à cette ordure,
    A cette horrible infection,
Étoile de mes yeux, soleil de ma nature,
    Vous, mon ange et ma passion !

Oui ! telle vous serez, ô la reine des grâces,
    Après les derniers sacrements,
Quand vous irez, sous l'herbe et les floraisons grasses,
    Moisir parmi les ossements.

Alors, ô ma beauté ! dites à la vermine
    Qui vous mangera de baisers,
Que j'ai gardé la forme et l'essence divine
    De mes amours décomposés !

le maquereau....

Von seltsamer Musik ertönte dieses Ganze,
Wie Wind und Wasserlauf sie gibt,
Wie Korn, das sich bewegt und wirbelt wie im Tanze,
Wenn es der Worfler rüttelnd siebt.

Die Formen schwanden: Träume, flüchtiger Skizze Spur,
An die man wenig Müh gewendet
Und die der Maler dann aus dem Gedächtnis nur
Auf dem vergessenen Blatt vollendet.

Hinter den Felsen sahn wir eine Hündin kreisen,
Belauernd uns mit bösem Blick,
Begierig, dem Gerippe wieder zu entreißen
Den Fetzen, den sie ließ zurück.

– Und dennoch wirst auch du einst diesem Unrat gleichen
In seines Pesthauchs grausem Saft,
Stern meiner Augen du, o Sonne ohnegleichen,
Mein Engel, meine Leidenschaft!

Ja! Solches bist auch du, wenn, Königin der Gnaden,
Versehen mit den letzten Weihn,
Du unter Gras und fetten Blumen bei den Maden
Verfaulst mit anderem Gebein.

Doch dann, o meine Schönheit! sag den Würmerscharen,
Wenn sie zerfressen dich im Kuß,
Daß ich will Form und göttlichen Gehalt bewahren
Der Liebe, die zerfallen muß!

LE VAMPIRE

Toi qui, comme un coup de couteau,
Dans mon cœur plaintif es entrée;
Toi qui, forte comme un troupeau
De démons, vins, folle et parée,

De mon esprit humilié
Faire ton lit et ton domaine;
– Infâme à qui je suis lié
Comme le forçat à la chaine,

Comme au jeu le joueur têtu,
Comme à la bouteille l'ivrogne,
Comme aux vermines la charogne,
– Maudite, maudite sois-tu!

J'ai prié le glaive rapide
De conquérir ma liberté,
Et j'ai dit au poison perfide
De secourir ma lâcheté.

Hélas! le poison et le glaive
M'ont pris en dédain et m'ont dit:
»Tu n'es pas digne qu'on t'enlève
A ton esclavage maudit,

Imbécile! – de son empire
Si nos efforts te délivraient,
Tes baisers ressusciteraient
Le cadavre de ton vampire!«

DER VAMPIR

Du, die wie ein Messerstoß
In mein stöhnend Herz gedrungen,
Die wie wilden Heeres Troß
Wüst und prangend mich bezwungen,

Die erniedrigt meinen Geist
Sich zur Wohn- und Lagerstätte;
Scheusal, an das ich geschweißt
Wie der Sträfling an die Kette,

Wie der Spieler an die Sucht,
Wie der Trinker an das Glas,
Wie an das Gewürm das Aas –
Sei verflucht du, sei verflucht!

Mir die Freiheit zu erringen,
Flehte ich das rasche Schwert,
Meine Feigheit zu bezwingen,
Hab ich tückisch Gift begehrt.

Gift und Schwert – verächtlich böse
Boten sie mir Wort, die zwei:
Bist nicht wert, daß man dich löse
Aus verworfner Sklaverei.

Narr! wenn von der Herrschaft Schrecken
Dich befreite unser Mut,
Würdest du mit frischer Glut
Den Vampir zum Leben wecken.

LE LÉTHÉ

Viens sur mon cœur, âme cruelle et sourde,
Tigre adoré, monstre aux airs indolents;
Je veux longtemps plonger mes doigts tremblants
Dans l'épaisseur de ta crinière lourde;

Dans tes jupons remplis de ton parfum
Ensevelir ma tête endolorie,
Et respirer, comme une fleur flétrie,
Le doux relent de mon amour défunt.

Je veux dormir! dormir plutôt que vivre!
Dans un sommeil aussi doux que la mort,
J'étalerai mes baisers sans remords
Sur ton beau corps poli comme le cuivre.

Pour engloutir mes sanglots apaisés
Rien ne me vaut l'abîme de ta couche;
L'oubli puissant habite sur ta bouche,
Et le Léthé coule dans tes baisers.

A mon destin, désormais mon délice,
J'obéirai comme un prédestiné;
Martyr docile, innocent condamné,
Dont la ferveur attise le supplice,

Je sucerai, pour noyer ma rancœur,
Le népenthès et la bonne ciguë
Aux bouts charmants de cette gorge aiguë,
Qui n'a jamais emprisonné de cœur.

LETHE

Komm an mein Herz, grausame Seele du,
Göttlicher Tiger, Tier mit trägem Gange,
Vergönn, daß meine Hand versunken lange
Im Dickicht deiner schweren Mähne ruh.

Das schmerzgequälte Haupt laß mich vergraben
In deinen Röcken, die dein Duft erfüllt,
Mag er, der wie aus welken Blüten quillt,
Mit toter Liebe Moderruch mich laben.

Ich will nur schlafen! Schlafen mehr denn leben!
Und will die Küsse, die ich ohne Reue
Auf deinen kupferblanken Leib verstreue,
In einem Schlaf, süß wie der Tod, dir geben.

Damit sich aber ganz mein Schluchzen stillt,
Schlingt mich dein Bett hinab auf seinen Grund;
Vergessen, machtvoll, wohnt auf deinem Mund,
Aus deinem Kuß der Trank der Lethe quillt.

Dir, mein Geschick und fortan mein Beseelen,
Gehorche ich, als sei es so bestimmt;
Ein Dulder, der sein Urteil auf sich nimmt,
In dessen Inbrunst Folterqualen schwelen,

Saug ich, um zu ertränken meinen Schmerz,
Den guten Schierling aus den holden Spitzen,
Die an den Kuppen dieser Brüste sitzen,
Die niemals noch sich schlossen um ein Herz.

*

Une nuit que j'étais près d'une affreuse Juive,
Comme au long d'un cadavre un cadavre étendu,
Je me pris à songer près de ce corps vendu
A la triste beauté dont mon désir se prive.

Je me représentai sa majesté native,
Son regard de vigueur et de grâces armé,
Ses cheveux qui lui font un casque parfumé,
Et dont le souvenir pour l'amour me ravive.

Car j'eusse avec ferveur baisé ton noble corps,
Et depuis tes pieds frais jusqu'à tes noires tresses
Déroulé le trésor des profondes caresses,

Si, quelque soir, d'un pleur obtenu sans effort
Tu pouvais seulement, ô reine des cruelles!
Obscurcir la splendeur de tes froides prunelles.

*

Als ich bei einer grausen Jüdin lag zur Nacht,
Wie Leiche neben Leiche beide hingestreckt,
Hat dieser feile Leib der andern Bild erweckt:
Der Traurigschönen hab verlangend ich gedacht;

Ich sah sie in der Hoheit, die ihr angeboren,
Sah ihren Blick, der voller Kraft und Anmut war,
Ihr duftendes und wie zum Helm gewölbtes Haar,
An das ich glühend in Gedankenlust verloren.

Ja deinen edlen Leib hätt ich geküßt voll Gier,
Vom frischen Fuß bis zu den schwarzen Flechten dir
Hätt ich der tiefen Zärtlichkeiten Schatz entrollt,

Hättest du je an einem Abend nur gewollt,
Daß eine mühelose Träne dir verdunkelt
Den Glanz, der kalt in deinen Augensternen funkelt.

LE CHAT

Viens, mon beau chat, sur mon cœur amoureux;
    Retiens les griffes de ta patte,
Et laisse-moi plonger dans tes beaux yeux,
    Mêlés de métal et d'agate.

Lorsque mes doigts caressent à loisir
    Ta tête et ton dos élastique,
Et que ma main s'enivre du plaisir
    De palper ton corps électrique,

Je vois ma femme en esprit. Son regard,
    Comme le tien, aimable bête,
Profond et froid, coupe et fend comme un dard,

    Et, des pieds jusques à la tête,
Un air subtil, un dangereux parfum
    Nagent autour de son corps brun.

DIE KATZE

Komm an mein zärtlich Herz, du schöne Katze,
Zieh nur zurück die Krallen deiner Tatze,
Laß mich in deine schönen Augen ein,
Wo sich vermischt Metall und Edelstein.

Wenn müßig meine Finger dich umschmeicheln,
Den Kopf dir, den gebognen Rücken streicheln,
Wenn meine Hand sich, wie vom Rausch verführt,
An deinen funkensprühenden Leib verliert,

Dann, liebstes Tier, seh ich im Geist mein Weib.
Ihr Blick, dem deinen gleich, so tief und kalt,
Dringt in mich ein mit eines Schwerts Gewalt,

Rings aber fließt um ihren braunen Leib,
Vom Scheitel abwärts bis zu ihren Zehn,
Ein zarter Hauch, ein Duft gefährlich schön.

DUELLUM

Deux guerriers ont couru l'un sur l'autre; leurs armes
Ont éclaboussé l'air de lueurs et de sang.
Ces jeux, ces cliquetis du fer sont les vacarmes
D'une jeunesse en proie à l'amour vagissant.

Les glaives sont brisés! comme notre jeunesse,
Ma chère! Mais les dents, les ongles acérés,
Vengent bientôt l'épée et la dague traîtresse.
— O fureur des cœurs mûrs par l'amour ulcérés!

Dans le ravin hanté des chats-pards et des onces
Nos héros, s'étreignant méchamment, ont roulé,
Et leur peau fleurira l'aridité des ronces.

— Ce gouffre, c'est l'enfer, de nos amis peuplé!
Roulons-y sans remords, amazone inhumaine,
Afin d'éterniser l'ardeur de notre haine!

DUELLUM

Zwei Krieger dringen aufeinander ein. Es schwirren
Von ihren Waffen Funken durch die Luft und Blut.
Der Lärm der Jugend ist dies Spiel und Eisenklirren,
Das Wehgeschrei der Liebe stachelt ihre Wut.

Die Schwerter sind, wie unsre Jugend, längst in Stücken,
Mein Lieb! Doch werden Zähne, Krallen scharf bewehrt,
Alsbald den Degen rächen und des Dolches Tücken.
– O Wildheit reifer Herzen, darin Liebe schwärt!

Und in die Schlucht, wo Luchs und Panther sich verstecken,
Rollt, böse sich umklammernd, unser Paar hinab,
Und beider Haut beblümt die dürren Brombeerhecken.

Wo unsre Freunde warten, in das Höllengrab
Wolln wir uns reulos wälzen, grausame Megäre,
Auf daß die Inbrunst unsres Hasses ewig währe!

CAUSERIE

Vous êtes un beau ciel d'automne, clair et rose!
Mais la tristesse en moi monte comme la mer,
Et laisse, en refluant, sur ma lèvre morose
Le souvenir cuisant de son limon amer.

— Ta main se glisse en vain sur mon sein qui se pâme;
Ce qu'elle cherche, amie, est un lieu saccagé
Par la griffe et la dent féroce de la femme.
Ne cherchez plus mon cœur; les bêtes l'ont mangé.

Mon cœur est un palais flétri par la cohue;
On s'y soûle, on s'y tue, on s'y prend aux cheveux!
— Un parfum nage autour de votre gorge nue!...

O Beauté, dur fléau des âmes, tu le veux!
Avec tes yeux de feu, brillants comme des fêtes,
Calcine ces lambeaux qu'ont épargnés les bêtes!

UNTERHALTUNG

Du bist ein schöner Herbsteshimmel, rosig licht!
In mir jedoch steigt Trauer wie das Meer hinan
Und läßt rückflutend auf verdrossenem Gesicht
Die ätzende Gedächtnisspur aus bitterem Schlamm.

– Umsonst streift deine Hand auf meiner wehen Brust;
Die Stätte, Freundin, da du suchest, ward verheert
Von Weiberkrallen und dem wilden Biß der Lust.
Such nicht mein Herz; die Tiere haben es verzehrt.

Mein Herz ist ein Palast, und Pöbel schändet ihn;
Man säuft, man mordet dort, man schleift sich an den Haaren!
– Welch Düfte rings um deine nackte Kehle ziehn!...

O Schönheit, Seelengeißel, dir muß ich willfahren!
Mit deinen Feueraugen, strahlend wie ein Fest,
Zerglüh ihn, den die Tiere ließen, diesen Rest!

CHANT D'AUTOMNE

I

Bientôt nous plongerons dans les froides ténèbres;
Adieu, vive clarté de nos étés trop courts!
J'entends déjà tomber avec des chocs funèbres
Le bois retentissant sur le pavé des cours.

Tout l'hiver va rentrer dans mon être: colère,
Haine, frissons, horreur, labeur dur et forcé,
Et, comme le soleil dans son enfer polaire,
Mon cœur ne sera plus qu'un bloc rouge et glacé.

J'écoute en frémissant chaque bûche qui tombe;
L'échafaud qu'on bâtit n'a pas d'écho plus sourd.
Mon esprit est pareil à la tour qui succombe
Sous les coups du bélier infatigable et lourd.

Il me semble, bercé par ce choc monotone,
Qu'on cloue en grande hâte un cercueil quelque part.
Pour qui? – C'était hier l'été; voici l'automne!
Ce bruit mystérieux sonne comme un départ.

II

J'aime de vos longs yeux la lumière verdâtre,
Douce beauté, mais tout aujourd'hui m'est amer,
Et rien, ni votre amour, ni le boudoir, ni l'âtre,
Ne me vaut le soleil rayonnant sur la mer.

HERBSTGESANG

I

Bald werden wir in kalte Finsternisse fallen;
Licht unsrer allzu kurzen Sommer, lebe wohl!
Schon höre ich der Höfe Pflaster widerhallen
Vom Holz, das niederpoltert, unheilvoll und hohl.

Ganz Winter wieder ist es bald um mich geworden;
Zorn, Haß, Schauder, Grauen, harter und strenger Fleiß;
Der Sonne gleich in ihrem Höllenkreis im Norden
Ist dann mein Herz nur noch ein roter Block aus Eis.

Mit Zittern hör ich jedes Scheit, das fällt. Es tönt
So dumpf nicht, zimmert man ein Blutgerüst zusammen.
Mein Geist ist wie der Turm, der wankt und der erdröhnt
Unter des unermüdlich schweren Sturmbocks Rammen.

Vom Gleichmaß dieser Schläge bin ich wie benommen:
Ist es ein Sarg, in den man hastig Nägel haut …?
Für wen? – Gestern noch Sommer, ist der Herbst gekommen!
Es klingt wie Abschied dieser geisterhafte Laut.

II

Ich liebe deiner schmalen Augen grünen Schimmer,
Doch heut ist, Süße, alles bitter um mich her,
Und nichts, nicht deine Liebe, nicht dein Herd und Zimmer
Ersetzt mir heut die Sonne, leuchtend auf dem Meer.

Et pourtant aimez-moi, tendre cœur! soyez mère,
Même pour un ingrat, même pour un méchant;
Amante ou sœur, soyez la douceur éphémère
D'un glorieux automne ou d'un soleil couchant.

Courte tâche! La tombe attend; elle est avide!
Ah! laissez-moi, mon front posé sur vos genoux,
Goûter, en regrettant l'été blanc et torride,
De l'arrière-saison le rayon jaune et doux!

Und dennoch lieb mich, zärtlich Herz! Sei Mutter auch
Dem Undankbaren, der dem Bösen sich verdingt;
Geliebte oder Schwester, sei der süße Hauch
Prangenden Herbstes und der Sonne, die versinkt.

Wie schnell getan! Schon greift nach uns des Grabes Schauer!
Ach, laß mich meine Stirn auf deinen Knien haben
Und um den weiß und heißen Sommer voller Trauer
An späten Jahres sanftem gelben Strahl mich laben.

A UNE MADONE
Ex-voto dans le goût espagnol

Je veux bâtir pour toi, Madone, ma maîtresse,
Un autel souterrain au fond de ma détresse,
Et creuser dans le coin le plus noir de mon cœur,
Loin du désir mondain et du regard moqueur,
Une niche, d'azur et d'or tout émaillée,
Où tu te dresseras, Statue émerveillée.
Avec mes Vers polis, treillis d'un pur métal
Savamment constellé de rimes de cristal,
Je ferai pour ta tête une énorme Couronne;
Et dans ma Jalousie, ô mortelle Madone,
Je saurai te tailler un Manteau, de façon
Barbare, roide et lourd, et doublé de soupçon,
Qui, comme une guérite, enfermera tes charmes;
Non de Perles brodé, mais de toutes mes Larmes!
Ta Robe, ce sera mon Désir, frémissant,
Onduleux, mon Désir qui monte et qui descend,
Aux pointes se balance, aux vallons se repose,
Et revêt d'un baiser tout ton corps blanc et rose.
Je te ferai de mon Respect de beaux Souliers
De satin, par tes pieds divins humiliés,
Qui, les emprisonnant dans une molle étreinte,
Comme un moule fidèle en garderont l'empreinte.
Si je ne puis, malgré tout mon art diligent,
Pour Marchepied tailler une Lune d'argent,
Je mettrai le Serpent qui me mord les entrailles
Sous tes talons, afin que tu foules et railles,
Reine victorieuse et féconde en rachats,
Ce monstre tout gonflé de haine et de crachats.

AN EINE MADONNA
Exvoto im spanischen Geschmack

Errichten will ich dir, Madonna, Herrin mein,
Im Abgrund meiner Qualen einen Opferstein.
Dich in der schwärzesten von meines Herzens Ecken
Vor Weltgelüst und Spötterblicken zu verstecken,
Wölb eine Nische ich, in Blau und Gold lasiert,
Wo dein verwundert Standbild sich erheben wird.
Mit Versen blank, Geflecht aus lauterem Metall,
Und kunstvoll übersternt mit Reimen von Kristall,
Umwind ich dir das Haupt mit einer mächtigen Krone;
Aus meiner Eifersucht, o sterbliche Madonne,
Schneid einen Mantel ich, barbarisch in der Art,
Mit Argwohn ausgefüttert, steif und schwer und hart,
Der deine Reize wie ein Schilderhaus bedeckt,
Mit Perlen nicht, mit meinen Tränen nur besteckt!
Dir zum Gewand hab die Begierde ich erwählt,
Die wellenhaft erschauernd sich erhebt und fällt,
Sich auf den Spitzen wiegt und in den Tälern weidet,
In einen Kuß den rosig weißen Leib dir kleidet.
Aus meiner Ehrfurcht mach ich schöne Schuh aus Seiden,
Daß sie von deinem Fuß Erniedrigung erleiden
Und ihn mit schmeichlerischem Griff umschlossen halten
Und seinen Abdruck als getreue Form gestalten.
Kann meine Kunst auch nicht, trotz aller Fertigkeiten,
Dir einen Silbermond zum Piedestal bereiten:
Die Schlange doch, die ins Geweide sich mir fraß,
Dies Untier, ganz von Eifer aufgebläht und Haß,
Dein Fuß soll sie verhöhnen und sie niedertreten,
Siegreiche Königin, o laß mich vor dir beten.

Tu verras mes Pensers, rangés comme les Cierges
Devant l'autel fleuri de la Reine des Vierges,
Étoilant de reflets le plafond peint en bleu,
Te regarder toujours avec des yeux de feu;
Et comme tout en moi te chérit et t'admire,
Tout se fera Benjoin, Encens, Oliban, Myrrhe,
Et sans cesse vers toi, sommet blanc et neigeux,
En Vapeurs montera mon Esprit orageux.

Enfin, pour compléter ton rôle de Marie,
Et pour mêler l'amour avec la barbarie,
Volupté noire! des sept Péchés capitaux,
Bourreau plein de remords, je ferai sept Couteaux
Bien affilés, et, comme un jongleur insensible,
Prenant le plus profond de ton amour pour cible,
Je les planterai tous dans ton Cœur pantelant,
Dans ton Cœur sanglotant, dans ton Cœur ruisselant!

Meine Gedanken sieh wie Kerzen aufgereiht
Vorm blühenden Altar der königlichen Maid,
Wo sie mit Sternenschein die blaue Decke schmücken
Und immer ihre Feueraugen auf dich blicken.
Aus ganzer Seele liebend will ich dich verehren,
Wie Harz und Weihrauch, Öl und Myrrhen mich verzehren,
Und unablässig steigt, o Gipfel schneeumgleißt,
In Dämpfen zu dir auf mein ungestümer Geist.

Zuletzt, daß nichts dem Ebenbild Mariä fehle
Und sich die Liebe mit der Grausamkeit vermähle,
Nehm ich, o schwarze Lust, der Sünden Siebenzahl
Und schleife sie – ein Henker voll Gewissensqual –
Zu sieben Messern scharf. Fühllos den Gaukler spielend,
Auf deine Liebe wie auf eine Scheibe zielend,
Stoß ich sie alle mitten in dein zuckend Herz,
Tief in dein schluchzendes, dein blutverströmend Herz.

CHANSON D'APRÈS-MIDI

Quoique tes sourcils méchants
Te donnent un air étrange
Qui n'est pas celui d'un ange,
Sorcière aux yeux alléchants,

Je t'adore, ô ma frivole,
Ma terrible passion!
Avec la dévotion
Du prêtre pour son idole.

Le désert et la forêt
Embaument tes tresses rudes,
Ta tête a les attitudes
De l'énigme et du secret.

Sur ta chair le parfum rôde
Comme autour d'un encensoir;
Tu charmes comme le soir,
Nymphe ténébreuse et chaude.

Ah! les philtres les plus forts
Ne valent pas ta paresse,
Et tu connais la caresse
Qui fait revivre les morts!

Tes hanches sont amoureuses
De ton dos et de tes seins,
Et tu ravis les coussins
Par tes poses langoureuses.

LIED AM NACHMITTAG

Ob auch deine bösen Brauen
Dir ein seltsam Aussehn geben
– Keinesfalls das eines Engels,
Hexe mit den Zauberaugen –,

Bet ich, meine sündenstolze,
Meine grausige Passion,
Auf zu dir in Andachtsdemut
Wie der Priester zum Idol.

Wüsten würzest du und Wälder
Mit dem Balsam dicker Flechten,
Und dein Haupt ist ganz umgeben
Vom Geheimnis und vom Rätsel.

Deinen Leib umstreifen Rüche
Wie aus einem Weihrauchfasse,
Du betörst mich wie der Abend,
Dunkle heißblütige Nymphe.

Mehr als alle Liebestränke
Wirken deine trägen Reize,
Und du weißt von Zärtlichkeiten,
Daß selbst Tote auferständen!

Deine Hüfte schmiegt sich liebend
Deinem Rücken, deinen Brüsten,
Noch die Kissen zu entzücken,
Dehnst du wollustvoll die Glieder.

Quelquefois, pour apaiser
Ta rage mystérieuse,
Tu prodigues, sérieuse,
La morsure et le baiser;

Tu me déchires, ma brune,
Avec un rire moqueur,
Et puis tu mets sur mon cœur
Ton œil doux comme la lune.

Sous tes souliers de satin,
Sous tes charmants pieds de soie,
Moi, je mets ma grande joie,
Mon génie et mon destin,

Mon âme par toi guérie,
Par toi, lumière et couleur!
Explosion de chaleur
Dans ma noire Sibérie!

Manchesmal, wie um zu stillen
Dein so unergründlich Rasen,
Wendest du an mich gelassen
Deinen Kuß und deine Bisse.

Du zerreißest, meine Braune,
Mich mit deinem Spottgelächter,
Doch schon ruht auf meinem Herzen
Wie der Mond so sanft dein Auge.

Deinen Schuhen aus Satin,
Deinen reizend seidenen Füßen
Unterwerf ich mein Gelüsten,
Meinen Genius, mein Geschick,

Meine Seele, die du heiltest,
Der du Licht und Farbe bist,
Du, die wie ein Feuer birst
In mein finsteres Sibirien.

SISINA

Imaginez Diane en galant équipage,
Parcourant les forêts ou battant les halliers,
Cheveux et gorge au vent, s'enivrant de tapage,
Superbe et défiant les meilleurs cavaliers!

Avez-vous vu Théroigne, amante du carnage,
Excitant à l'assaut un peuple sans souliers,
La joue et l'œil en feu, jouant son personnage,
Et montant, sabre au poing, les royaux escaliers?

Telle la Sisina! Mais la douce guerrière
A l'âme charitable autant que meurtrière;
Son courage, affolé de poudre et de tambours,

Devant les suppliants sait mettre bas les armes,
Et son cœur, ravagé par la flamme, a toujours,
Pour qui s'en montre digne, un réservoir de larmes.

SISINA

Stellt euch Diana vor in höfischem Geleite,
Hinstürmend durch die Wälder, stiebend durchs Gesträuch,
Locken und Hals im Wind, berauscht vom Lärm der Meute,
So tut sie es voll Stolz den besten Reitern gleich!

Saht Thérogen ihr, die am Blut Gefallen fand,
Zum Sturme stachelnd barfüßigen Pöbels Hauf,
Wie sie, ganz ihre Rolle, Wang und Aug entflammt,
Schwertschwingend drang die königlichen Stufen auf?

So die Sisina! Doch die süße Kriegerin,
Es ist so mild wie mörderisch gestimmt ihr Sinn;
Ihr Mut, von Trommeln und vom Pulverdampf betört,

Wird gerne vor den Flehenden die Waffen strecken,
Ihr Herz ist stets, wenn auch die Flamme es versehrt,
Wer seiner würdig ist, ein reiches Tränenbecken.

A UNE DAME CRÉOLE

Au pays parfumé que le soleil caresse,
J'ai connu, sous un dais d'arbres tout empourprés
Et de palmiers d'où pleut sur les yeux la paresse,
Une dame créole aux charmes ignorés.

Son teint est pâle et chaud; la brune enchanteresse
A dans le cou des airs noblement maniérés;
Grande et svelte en marchant comme une chasseresse,
Son sourire est tranquille et ses yeux assurés.

Si vous alliez, Madame, au vrai pays de gloire,
Sur les bords de la Seine ou de la verte Loire,
Belle digne d'orner les antiques manoirs,

Vous feriez, à l'abri des ombreuses retraites,
Germer mille sonnets dans le cœur des poètes,
Que vos grands yeux rendraient plus soumis que vos noirs.

EINER KREOLISCHEN DAME

Im duftdurchwürzten Land, vom Sonnenlicht umschmeichelt,
Wo sich ein Baldachin purpurner Bäume spannt
Und von den Palmen Trägheit auf die Lider träufelt,
Hab ich voll fremder Reize eine Frau gekannt.

Ihr Antlitz hell und warm; die braune Zauberin,
Wie sich ihr Hals in ausgesuchtem Stolze hält!
Groß schreitet sie und schlank wie eine Jägerin,
Still ist ihr Lächeln und ihr Auge unverstellt.

Erginget Ihr, Madame, Euch in dem wahren Land
Des Ruhms, die Seine entlang, an grüner Loire Strand:
Die alten Schlösser würde Eure Schönheit schmücken,

Im Schutze würdet Ihr von schattigen Verstecken
Tausend Sonette in der Dichter Herzen wecken,
Gefüger noch als Eure Schwarzen Euren Blicken.

LE REVENANT

Comme les anges à l'œil fauve,
Je reviendrai dans ton alcôve
Et vers toi glisserai sans bruit
Avec les ombres de la nuit;

Et je te donnerai, ma brune,
Des baisers froids comme la lune
Et des caresses de serpent
Autour d'une fosse rampant.

Quand viendra le matin livide,
Tu trouveras ma place vide,
Où jusqu'au soir il fera froid.

Comme d'autres par la tendresse,
Sur ta vie et sur ta jeunesse,
Moi, je veux régner par l'effroi.

DER WIEDERGÄNGER

Wie ein Geist mit fahlem Blick
Kehr ich an dein Bett zurück,
Gleit an deine Seite sacht
Wie ein Schattenspuk der Nacht.

Und ich schenke dir alsbald
Küsse wie der Mond so kalt,
Lieb dich wie die Schlange feucht,
Die um eine Grube kreucht.

Kommt der bleiche Tag daher,
Findest meinen Platz du leer,
Bis zum Abend bleibt er kalt.

Sanft sind andre dir ergeben:
Deine Jugend und dein Leben
Zwinge ich durch Grauns Gewalt.

SONNET D'AUTOMNE

Ils me disent, tes yeux, clairs comme le cristal:
»Pour toi, bizarre amant, quel est donc mon mérite?«
– Sois charmante et tais-toi! Mon cœur, que tout irrite,
Excepté la candeur de l'antique animal,

Ne veut pas te montrer son secret infernal,
Berceuse dont la main aux longs sommeils m'invite,
Ni sa noire légende avec la flamme écrite.
Je hais la passion et l'esprit me fait mal!

Aimons-nous doucement. L'Amour dans sa guérite,
Ténébreux, embusqué, bande son arc fatal.
Je connais les engins de son vieil arsenal:

Crime, horreur et folie! – O pâle marguerite!
Comme moi n'es-tu pas un soleil automnal,
O ma si blanche, ô ma si froide Marguerite?

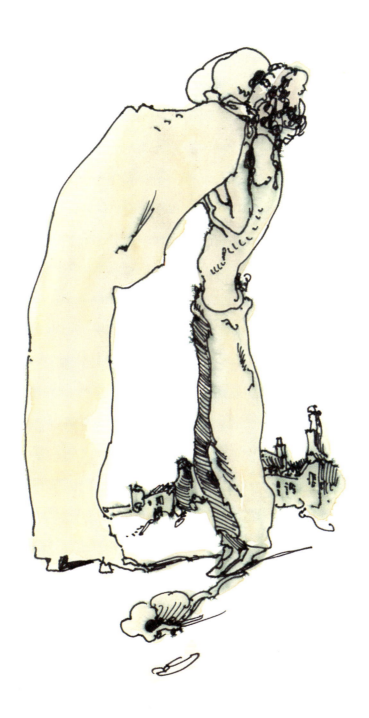

HERBST-SONETT

Dein Auge spricht zu mir wie ein Kristall so klar:
Was magst du an mir finden, seltsamer Galan?
– Sei lieb und schweig! Ein Herz, verstört in seinem Wahn,
Dem nur des Tieres Unschuld nie zuwider war,

Wie spähtest du sein höllisches Geheimnis aus,
Du Wiegenlied, des Hand zu langem Schlummer lädt,
Wie, was mit schwarzer Flamme hier geschrieben steht?
Ich haß die Leidenschaft, der Geist ist mir ein Graus.

Laß uns einander lieben! In seinem Schilderhaus
Spannt Amor finster lauernd seinen Bogen aus.
Ich kenn sein Rüstzeug und sein altes Arsenal:

Verbrechen, Schrecken, Wahnsinn! – O bleiche Margerite!
Sind wir nicht beide nur ein letzter Spätherbststrahl,
O meine weiße du, o kalte Margarete?

TRISTESSES DE LA LUNE

Ce soir, la lune rêve avec plus de paresse;
Ainsi qu'une beauté, sur de nombreux coussins,
Qui d'une main distraite et légère caresse
Avant de s'endormir le contour de ses seins,

Sur le dos satiné des molles avalanches,
Mourante, elle se livre aux longues pâmoisons,
Et promène ses yeux sur les visions blanches
Qui montent dans l'azur comme des floraisons.

Quand parfois sur ce globe, en sa langueur oisive,
Elle laisse filer une larme furtive,
Un poète pieux, ennemi du sommeil,

Dans le creux de sa main prend cette larme pâle,
Aux reflets irisés comme un fragment d'opale,
Et la met dans son cœur loin des yeux du soleil.

TRAURIGE LUNA

Gelassener als sonst träumt Luna heute nacht,
Wie eine Schöne ruht, von Kissen reich umschmeichelt,
Die mit zerstreuter Hand, sehr zärtlich und sehr sacht,
Eh sie entschläft, die Wölbung ihrer Brüste streichelt.

So auf dem weichen Rücken seidiger Lawinen
Gibt sie ersterbend langen Ohnmachten sich hin,
Und weiße Traumgesichte sind vor ihr erschienen,
Die in dem Blau des Himmels steigen und erblühn.

Läßt sie auf diese Welt in ihrem trägen Sinnen
Manchmal verstohlen eine Träne niederrinnen,
Ein frommer Dichter dann, der seinen Schlaf nicht fand,

Fängt diese bleiche Träne in der hohlen Hand
Und birgt sie, die erschimmert wie ein Stück Opal,
Im Herzen tief versteckt vor jedem Sonnenstrahl.

LES HIBOUX

Sous les ifs noirs qui les abritent,
Les hiboux se tiennent rangés,
Ainsi que des dieux étrangers,
Dardant leur œil rouge. Ils méditent.

Sans remuer ils se tiendront
Jusqu'à l'heure mélancolique
Où, poussant le soleil oblique,
Les ténèbres s'établiront.

Leur attitude au sage enseigne
Qu'il faut en ce monde qu'il craigne
Le tumulte et le mouvement;

L'homme ivre d'une ombre qui passe
Porte toujours le châtiment
D'avoir voulu changer de place.

DIE EULEN

Im Schutz von schwarzen Eibenbäumen,
So sitzen sie gereiht im Dunkeln,
Wie fremde Götter, und es funkeln
Die roten Augen nur. Sie träumen.

In regungsloser Ruh erstarrt
Erwarten sie die ernste Stunde,
Da in vertiefter Dämmrung Runde
Nur noch ein schräges Licht verharrt.

Ihr unbewegtes Bild will sagen:
Der Weise soll auf dieser Welt
Geschäftigkeit und Taumel meiden;

Die wie im Rausch nach Schemen jagen,
Stets werden sie die Strafe leiden,
Der alles Rastlose verfällt.

LA PIPE

Je suis la pipe d'un auteur ;
On voit, à contempler ma mine
D'Abyssinienne ou de Cafrine,
Que mon maître est un grand fumeur.

Quand il est comblé de douleur,
Je fume comme la chaumine
Où se prépare la cuisine
Pour le retour du laboureur.

J'enlace et je berce son âme
Dans le réseau mobile et bleu
Qui monte de ma bouche en feu,

Et je roule un puissant dictame
Qui charme son cœur et guérit
De ses fatigues son esprit.

DIE PFEIFE

Ich bin die Pfeife, die ein Dichter raucht,
An meinem Aussehn kann man schaun
– Äthiopisch ist es oder kaffernbraun –,
Wie tüchtig mein Gebieter mich gebraucht.

Wenn er vom Schmerze überwältigt leidet,
Wie eine Bauernhütte qualm ich dann,
Wo schon die Küche für den Ackersmann,
Der bald vom Felde kehrt, das Mahl bereitet.

Ich schlinge ein und schaukle seine Seele
In einem Netz aus blaubewegter Luft,
Die leichthin meinem Feuermaul entquillt,

Ich wälze einen mächtigen Balsamduft,
Der seinem Herzen zur Erquickung schwele,
Lindernd die Qual, die seinen Geist erfüllt.

SÉPULTURE

Si par une nuit lourde et sombre
Un bon chrétien, par charité,
Derrière quelque vieux décombre
Enterre votre corps vanté,

A l'heure où les chastes étoiles
Ferment leurs yeux appesantis,
L'araignée y fera ses toiles,
Et la vipère ses petits;

Vous entendrez toute l'année
Sur votre tête condamnée
Les cris lamentables des loups

Et des sorcières faméliques,
Les ébats des vieillards lubriques
Et les complots des noirs filous.

GRABSTÄTTE

Wenn einst in dumpfer düsterer Nacht
Von gutem und barmherzigem Christ
Dein eitler Leib zur Ruh gebracht,
Verscharrt an alter Mauer ist,

Zur Stund, da keusch die Nachtgestirne
Löschen der trägen Augen Glut,
Die Spinne webt an ihrem Zwirne,
Die Natter brütet ihre Brut:

Jahraus jahrein wirst du dann hören,
Wird den verfluchten Schlaf dir stören
Das Klaggeheul der Wolfesrotte,

Der hungerdürren Hexen Schrein,
Der geilen Greise Schäkerein,
Der schwarzen Gaunerzunft Komplotte.

UNE GRAVURE FANTASTIQUE

Ce spectre singulier n'a pour toute toilette,
Grotesquement campé sur son front de squelette,
Qu'un diadème affreux sentant le carnaval.
Sans éperons, sans fouet, il essouffle un cheval,
Fantôme comme lui, rosse apocalyptique,
Qui bave des naseaux comme un épileptique.
Au travers de l'espace ils s'enfoncent tous deux,
Et foulent l'infini d'un sabot hasardeux.
Le cavalier promène un sabre qui flamboie
Sur les foules sans nom que sa monture broie,
Et parcourt, comme un prince inspectant sa maison,
Le cimetière immense et froid, sans horizon,
Où gisent, aux lueurs d'un soleil blanc et terne,
Les peuples de l'histoire ancienne et moderne.

EIN PHANTASTISCHER STICH

Dies seltsame Gespenst, mit anderem nicht geschmückt,
Hat, possenhaft auf seine Knochenstirn gedrückt,
Sich eine grause Faschingskrone aufgesetzt.
Die Mähre, die es ohne Sporn und Peitsche hetzt,
Ein Spukgebild auch sie, ein wahrer Höllengaul,
Wie bei der Fallsucht fließt der Geifer ihm vom Maul.
So sprengen beide sie querhin durch Raum und Zeit,
Und der verwegne Huf stampft die Unendlichkeit.
Der Reiter schwingt den Säbel, der von Flammen qualmt,
Ob namenloser Menge, die sein Roß zermalmt,
Und er durcheilt, ein Fürst, der seine Heerschau hält,
Das unermeßlich weite kalte Leichenfeld,
Wo unter einem weißen, fahlen Sonnenlichte
Die alt und neuen Völker ruhen der Geschichte.

SPLEEN

Pluviôse, irrité contre la ville entière,
De son urne à grands flots verse un froid ténébreux
Aux pâles habitants du voisin cimetière
Et la mortalité sur les faubourgs brumeux.

Mon chat sur le carreau cherchant une litière
Agite sans repos son corps maigre et galeux;
L'âme d'un vieux poète erre dans la gouttière
Avec la triste voix d'un fantôme frileux.

Le bourdon se lamente, et la bûche enfumée
Accompagne en fausset la pendule enrhumée,
Cependant qu'en un jeu plein de sales parfums,

Héritage fatal d'une vieille hydropique,
Le beau valet de cœur et la dame de pique
Causent sinistrement de leurs amours défunts.

SPLEEN

Es gießt der Regenmond, erbost auf alle Welt,
Aus seinem Krug in mächtigem Guß kaltfinstern Graus
Auf jenes bleiche Volk vom nahen Gräberfeld
Und Sterben auf die nebelfeuchte Vorstadt aus.

Die Katze reckt, die auf dem Flur die Streu umstreift,
Unruhevoll die räudigen und dürren Glieder,
Und wimmernd eines alten Dichters Seele schweift,
Ein frierendes Gespenst, die Traufe auf und nieder.

Dumpf dröhnend klagt die Glocke, und das Scheit verraucht,
Und es gesellt der heisern Standuhr sich sein Flüstern,
Indes in einem Spiel, das schmutzigen Moder haucht

— Gräßliche Erbschaft einer wassersüchtigen Alten —,
Herzbube und Pikdame schauerlich und lüstern
Von längst verblichener Leidenschaft sich unterhalten.

SPLEEN

J'ai plus de souvenirs que si j'avais mille ans.

Un gros meuble à tiroirs encombré de bilans,
De vers, de billets doux, de procès, de romances,
Avec de lourds cheveux roulés dans des quittances,
Cache moins de secrets que mon triste cerveau.
C'est une pyramide, un immense caveau,
Qui contient plus de morts que la fosse commune.
– Je suis un cimetière abhorré de la lune,
Où comme des remords se traînent de longs vers
Qui s'acharnent toujours sur mes morts les plus chers.
Je suis un vieux boudoir plein de roses fanées,
Où gît tout un fouillis de modes surannées,
Où les pastels plaintifs et les pâles Boucher,
Seuls, respirent l'odeur d'un flacon débouché.

Rien n'égale en longueur les boiteuses journées,
Quand sous les lourds flocons des neigeuses années
L'ennui, fruit de la morne incuriosité,
Prend les proportions de l'immortalité.
– Désormais tu n'es plus, ô matière vivante!
Qu'un granit entouré d'une vague épouvante,
Assoupi dans le fond d'un Sahara brumeux;
Un vieux sphinx ignoré du monde insoucieux,
Oublié sur la carte, et dont l'humeur farouche
Ne chante qu'aux rayons du soleil qui se couche.

SPLEEN

Ich weiß so viel, als wär ich tausend Jahre alt.

Ein Schrank, die Fächer mit Papieren vollgeballt,
Mit Versen, Liebesbriefen, Akten und Romanzen,
Mit schweren Locken, eingewickelt in Bilanzen:
Mein armes Herz hält mehr Erinnerungen wach,
Es gleicht der Pyramide, einem Grabgemach,
Wo sich mehr Tote als auf einem Friedhof strecken.
– Ein Leichenacker bin ich, selbst dem Mond zum Schrecken,
Wo lange Würmer kriechen wie Gewissensplagen,
Die immerdar an meinen teuren Toten nagen;
Ein alt Boudoir, mit welken Rosen angefüllt,
Worin ein ganzer Hauf verjährter Moden quillt,
Wo ein Pastell Bouchers, ein jämmerlicher Stich
Atmen den letzten Duft, der dem Flakon entwich.

Nie schleicht die Zeit so lang wie an den lahmen Tagen,
Da unter schneeverhangnen Himmeln Flocken jagen,
Da Langeweile, trüber Abgestumpftheit Kind,
Das Maß und Unmaß der Unsterblichkeit gewinnt.
Hinfort wirst du, lebendiger Stoff, nichts andres sein,
Als ein vom öden Graun umringtes Felsgestein,
Das ruht an einer nebelschwangeren Wüste Rand,
Als eine Sphinx, der Welt des Leichtsinns unbekannt,
Vergessen auf der Karte und in wilder Wut
Auftönend nur bei untergehnder Sonne Glut.

SPLEEN

Je suis comme le roi d'un pays pluvieux,
Riche, mais impuissant, jeune et pourtant très vieux,
Qui, de ses précepteurs méprisant les courbettes,
S'ennuie avec ses chiens comme avec d'autres bêtes.
Rien ne peut l'égayer, ni gibier, ni faucon,
Ni son peuple mourant en face du balcon.
Du bouffon favori la grotesque ballade
Ne distrait plus le front de ce cruel malade;
Son lit fleurdelisé se transforme en tombeau,
Et les dames d'atour, pour qui tout prince est beau,
Ne savent plus trouver d'impudique toilette
Pour tirer un souris de ce jeune squelette.
Le savant qui lui fait de l'or n'a jamais pu
De son être extirper l'élément corrompu,
Et dans ces bains de sang qui des Romains nous viennent,
Et dont sur leurs vieux jours les puissants se souviennent,
Il n'a su réchauffer ce cadavre hébété
Où coule au lieu de sang l'eau verte du Léthé.

SPLEEN

Als König herrsche ich in einem Regenland,
Reich, aber ohne Kraft, jung schon an Grabes Rand,
Der voll Verachtung für der Höflinge Gezier
Sich mit den Hunden langweilt wie mit jedem Tier.
Nichts, weder Wild noch Falkenjagd, kann ihn erfreun
Noch unter dem Balkon des siechen Volkes Schrein.
Die schaurige Ballade seines Lieblingsnarren
Treibt von der Stirn nicht weg das grausam kranke Starren;
Zum Grab wird ihm das Bett, das Lilien umwinden,
Die Hoffräulein, die jeden Prinzen schön erfinden,
Schamloser können sie die Kleider nicht ersinnen,
Des jungen Grabgerippes Lächeln zu gewinnen.
Dem Weisen, der ihm Gold macht, wollt es nie gelingen,
Aus seinem Wesen den verderbten Keim zu zwingen,
Blutbäder nicht einmal, wie sie in Rom geflossen,
Wie sie manch Mächtiger als Jungbrunnen genossen,
Konnten erwärmen dieses stumpfen Leichnams Blut,
Durch den sich träge wälzt der Lethe grüne Flut.

SPLEEN

Quand le ciel bas et lourd pèse comme un couvercle
Sur l'esprit gémissant en proie aux longs ennuis,
Et que de l'horizon embrassant tout le cercle
Il nous verse un jour noir plus triste que les nuits;

Quand la terre est changée en un cachot humide,
Où l'Espérance, comme une chauve-souris,
S'en va battant les murs de son aile timide
Et se cognant la tête à des plafonds pourris;

Quand la pluie étalant ses immenses traînées
D'une vaste prison imite les barreaux,
Et qu'un peuple muet d'infâmes araignées
Vient tendre ses filets au fond de nos cerveaux,

Des cloches tout à coup sautent avec furie
Et lancent vers le ciel un affreux hurlement,
Ainsi que des esprits errants et sans patrie
Qui se mettent à geindre opiniâtrement.

– Et de longs corbillards, sans tambours ni musique,
Défilent lentement dans mon âme; l'Espoir,
Vaincu, pleure, et l'Angoisse atroce, despotique,
Sur mon crâne incliné plante son drapeau noir.

SPLEEN

Wenn tief und schwer der Himmel, eines Deckels Last,
Ächzend den Geist bedrückt, den endlos Trübsinn plagt,
Wenn er den ganzen Kreis des Horizonts umfaßt
Und einen Tag herabgießt, schwärzer als die Nacht;

Wenn dann die Erde einem feuchten Kerker gleicht,
Worin die Hoffnung sich wie eine Fledermaus,
Wenn sie mit scheuem Flügel längs der Mauern streicht,
Den Kopf anstößt am modrigen Gebälk des Baus;

Wenn dann die ungeheuren Güsse niederrinnen
Und Zuchthausgittern gleicht die Regenwand
Und wenn ein stummes Volk von niederträchtigen Spinnen
Am Grunde unserer Hirne seine Netze spannt,

Dann plötzlich springt empor der Glocken Raserei,
Zum Himmel schleudern sie ihr schauerliches Dröhnen,
Wie heimatlose Geister irren sie vorbei
Und lassen widersetzlich ihr Geheul ertönen.

Und lange Leichenzüge ohne Trommeln und Musik
Ziehn hin durch meinen Geist; Hoffnung ist mir geraubt,
Und grause Angst pflanzt ihren gnadenlosen Sieg
Als schwarzes Banner mir auf das gebeugte Haupt.

ALCHIMIE DE LA DOULEUR

L'un t'éclaire avec son ardeur,
L'autre en toi met son deuil, Nature !
Ce qui dit à l'un : Sépulture !
Dit à l'autre : Vie et splendeur !

Hermès inconnu qui m'assistes
Et qui toujours m'intimidas,
Tu me rends l'égal de Midas,
Le plus triste des alchimistes ;

Par toi je change l'or en fer
Et le paradis en enfer ;
Dans le suaire des nuages

Je découvre un cadavre cher,
Et sur les célestes rivages
Je bâtis de grands sarcophages.

ALCHIMIE DES SCHMERZES

Des einen Glut durchstrahlt dich rein,
Der andre senkt in dich, Natur,
Sein Leid. Was diesem Grabstatt nur,
Wird jenem Glanz und Leben sein.

Der du mir beistehst, Trismegist,
Den allezeit ich scheu im Sinn,
Du machst, daß ich wie Midas bin
Der jämmerlichste Alchimist.

Mir ward nur Blei an Goldes Stelle,
Das Paradies schuf ich zur Hölle;
Das Wolkenleichentuch enthüllt

Mir eines teuren Toten Bild,
Und an den himmlischen Gestaden
Erricht ich große Sarkophage.

HORREUR SYMPATHIQUE

De ce ciel bizarre et livide,
Tourmenté comme ton destin,
Quels pensers dans ton âme vide
Descendent? réponds, libertin.

– Insatiablement avide
De l'obscur et de l'incertain,
Je ne geindrai pas comme Ovide
Chassé du paradis latin.

Cieux déchirés comme des grèves,
En vous se mire mon orgueil;
Vos vastes nuages en deuil

Sont les corbillards de mes rêves,
Et vos lueurs sont le reflet
De l'Enfer où mon cœur se plaît.

SYMPATHISCHES GRAUEN

Gehn nicht aus diesem Himmel, blaß,
Bizarr, zerwühlt wie dein Geschick,
Gedanken ein dir ins Gelaß
Der öden Seele? Wüstling, sprich!

– Ich, unersättlich im Erjagen
Von unerforschter Finsternis,
Will nicht wie ein Ovid wehklagen,
Verbannt aus Latiums Paradies.

Himmel, zerfetzt wie Ufersäume,
Ihr meinem Stolz den Spiegel weist!
Die Wolken sind, im Trauerflor,

Die Leichenwagen meiner Träume,
Und in der Blitze Abglanz gleißt
Die Hölle, die mein Herz erkor.

PAYSAGE

Je veux, pour composer chastement mes églogues,
Coucher auprès du ciel, comme les astrologues,
Et, voisin des clochers, écouter en rêvant
Leurs hymnes solennels emportés par le vent.
Les deux mains au menton, du haut de ma mansarde,
Je verrai l'atelier qui chante et qui bavarde;
Les tuyaux, les clochers, ces mâts de la cité,
Et les grands ciels qui font rêver d'éternité.

Il est doux, à travers les brumes, de voir naître
L'étoile dans l'azur, la lampe à la fenêtre,
Les fleuves de charbon monter au firmament
Et la lune verser son pâle enchantement.
Je verrai les printemps, les étés, les automnes;
Et quand viendra l'hiver aux neiges monotones,
Je fermerai partout portières et volets
Pour bâtir dans la nuit mes féeriques palais.
Alors je rêverai des horizons bleuâtres,
Des jardins, des jets d'eau pleurant dans les albâtres,
Des baisers, des oiseaux chantant soir et matin,
Et tout ce que l'Idylle a de plus enfantin.
L'Émeute, tempêtant vainement à ma vitre,
Ne fera pas lever mon front de mon pupitre;
Car je serai plongé dans cette volupté
D'évoquer le Printemps avec ma volonté,
De tirer un soleil de mon cœur, et de faire
De mes pensers brûlants une tiède atmosphère.

LANDSCHAFT

Ich will, um keusch mich zu ergehen in Eklogen,
Dicht unterm Himmel schlafen wie die Astrologen;
Im Traume hör ich dann, vom Winde hergetragen,
Vom nahen Turm die feierlichen Glocken schlagen
Und blick aus der Mansarde, aufgestützt das Kinn,
Auf das Gelärm und das Geschwätz der Werkstatt hin;
Schornsteine, Türme, Masten überm Häusermeer
Und Himmel rings, ein Traum von Ewigkeit, umher.

Wie schön ist es, wenn durch den Nebeldunst erschimmern
Der Stern in blauer Nacht, die Lampe in den Zimmern,
Wenn auf zum Firmament der Rauch der Kohle fließt
Und wenn der Mond sein bleiches Zauberlicht vergießt.
Den Frühling schaue ich, den Herbst und Sommer hier,
Doch steht mit seinem Schnee der Winter vor der Tür,
Schließ ich die Läden zu und zieh den Vorhang vor
Und bau mir Feenschlösser in die Nacht empor.
Von blauen Fernen will ich dann, von Gärten träumen,
Von Springbrunnen, die in den Marmorschalen schäumen,
Von Küssen und vom früh und späten Vogellied
Und wovon sonst solch kindliche Idylle blüht.
Vergebens tost an meine Scheiben der Tumult,
Ich hebe meine Stirn nicht auf von meinem Pult,
Denn allzutief hält jene Lust mich dann umfangen,
Den Lenz heraufzurufen bloß durch mein Verlangen;
Aus meinem Herzen zieh ich eine Sonne vor
Und lös die Glut des Geists zu linder Luft empor.

LE SOLEIL

Le long du vieux faubourg, où pendent aux masures
Les persiennes, abri des secrètes luxures,
Quand le soleil cruel frappe à traits redoublés
Sur la ville et les champs, sur les toits et les blés,
Je vais m'exercer seul à ma fantasque escrime,
Flairant dans tous les coins les hasards de la rime,
Trébuchant sur les mots comme sur les pavés,
Heurtant parfois des vers depuis longtemps rêvés.

Ce père nourricier, ennemi des chloroses,
Éveille dans les champs les vers comme les roses;
Il fait s'évaporer les soucis vers le ciel,
Et remplit les cerveaux et les ruches de miel.
C'est lui qui rajeunit les porteurs de béquilles
Et les rend gais et doux comme des jeunes filles,
Et commande aux moissons de croître et de mûrir
Dans le cœur immortel qui toujours veut fleurir!

Quand, ainsi qu'un poète, il descend dans les villes,
Il ennoblit le sort des choses les plus viles,
Et s'introduit en roi, sans bruit et sans valets,
Dans tous les hôpitaux et dans tous les palais.

DIE SONNE

Die alte Vorstadt lang, wo an den Bruchfassaden
Verschwiegne Lüste schützt manch schief gehängter Laden,
Wenn dort die Sonne mit verdoppelter Gewalt
Auf Feld und Dächer trifft, auf Ähren und Asphalt,
Streif ich allein, mein seltsames Gefecht zu führen,
Nach Zufallsglück des Reims die Winkel zu durchspüren,
An Worten wie an Pflastersteinen aufzuprallen
Und manchmal über längst geträumten Vers zu fallen.

Ein Feind der Bleichsucht, weckt das kräftigende Glühn
Des Sonnenstrahles Verse, die wie Rosen blühn;
Den Sorgendunst läßt er empor zum Himmel fahn
Und häuft in Hirn und Bienenstock den Honig an.
Er macht die wieder jung, die schleichen an den Krücken,
Läßt heiter sie und sanft wie junge Mädchen blicken,
Das Korn heißt er gedeihn und heißt es reifen still
Im Herzen, das unsterblich blühn und dauern will.

Steigt er gleich einem Dichter in die Städte nieder,
Gemeinsten Dingen gibt er dann den Adel wieder
Und zieht als König ein, doch ohne Lärm und Troß,
In jedes Hospital und jedes Fürstenschloß.

A UNE MENDIANTE ROUSSE

Blanche fille aux cheveux roux,
Dont la robe par ses trous
Laisse voir la pauvreté
    Et la beauté,

Pour moi, poète chétif,
Ton jeune corps maladif,
Plein de taches de rousseur,
    A sa douceur.

Tu portes plus galamment
Qu'une reine de roman
Ses cothurnes de velours
    Tes sabots lourds.

Au lieu d'un haillon trop court,
Qu'un superbe habit de cour
Traîne à plis bruyants et longs
    Sur tes talons;

En place de bas troués,
Que pour les yeux des roués
Sur ta jambe un poignard d'or
    Reluise encor;

Que des nœuds mal attachés
Dévoilent pour nos péchés
Tes deux beaux seins, radieux
    Comme des yeux;

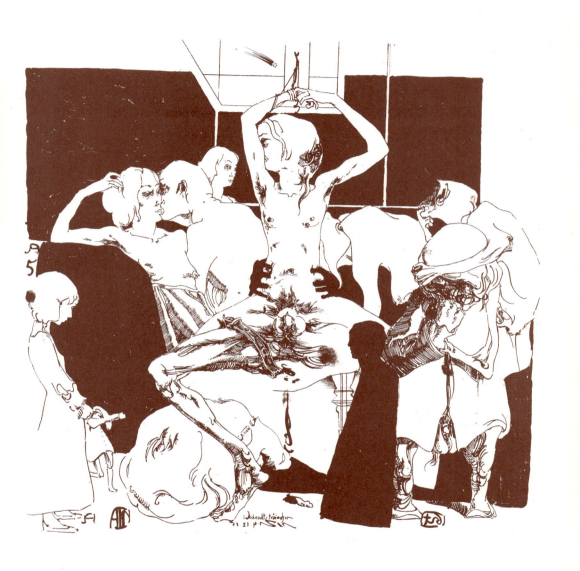

AN EIN ROTHAARIGES BETTELMÄDCHEN

Weißes Kind mit rotem Haar,
Dein zerfetztes Kleidchen zwar
Läßt uns deine Armut sehn,
Doch bist du schön!

Ich Poete gottverlassen
Liebe deinen Leib, den blassen,
Sommersprossen sprießen dort
Am süßen Ort.

Diese schweren Holzpantinen!
Setzen manche Königinnen
Doch so zierlich nicht wie du
Den samtnen Schuh!

Schleifte statt der Fetzen Tand
Stolz ein schleppend Hofgewand
Rauschend in der Falten Fluß
Um deinen Fuß;

Würd ein goldner Dolch aufblitzen,
Wo der Strümpfe Löcher sitzen,
Lüstern spähte dann nach dir
Manch Kavalier;

Strahlten deine schönen Brüste
Uns zu sündigem Gelüste,
Halb von Schleifen nur umspielt,
Wie Augen mild;

Que pour te déshabiller
Tes bras se fassent prier
Et chassent à coups mutins
    Les doigts lutins,

Perles de la plus belle eau,
Sonnets de maître Belleau
Par tes galants mis aux fers
    Sans cesse offerts,

Valetaille de rimeurs
Te dédiant leurs primeurs
Et contemplant ton soulier
    Sous l'escalier,

Maint page épris du hasard,
Maint seigneur et maint Ronsard
Épieraient pour le déduit
    Ton frais réduit!

Tu compterais dans tes lits
Plus de baisers que de lis
Et rangerais sous tes lois
    Plus d'un Valois!

– Cependant tu vas gueusant
Quelque vieux débris gisant
Au seuil de quelque Véfour
    De carrefour;

Wärst du, ganz dich zu enthüllen,
Widerstrebend nur zu Willen,
Wehrtest girrend und gewandt
Der dreisten Hand:

Perlen rein und makellos,
Verse im Geschmack Belleaus,
Von Galanen, gut dressiert,
Dir dediziert,

Brächt der Reimeschmiede Schar
Jeder dir den Erstling dar,
Entzückt, wenn auf der Treppe du
Zeigst deinen Schuh,

Manch verliebter Page gar,
Manch ein Höfling und Ronsard,
All belauerten sie keck
Dein frisch Versteck!

Zähltest dann in deinem Bette
Kuß und Lilien um die Wette,
Manch Valois gehorchte dort
Nur deinem Wort! –

Doch du arme Kreatur
Streichst vorm Laden von Véfour,
Lumpst um jeden alten Dreck
Am Straßeneck;

Tu vas lorgnant en dessous
Des bijoux de vingt-neuf sous
Dont je ne puis, oh! pardon!
   Te faire don.

Va donc, sans autre ornement,
Parfum, perles, diamant,
Que ta maigre nudité,
   O ma beauté!

Manchmal schielst verstohlen du
Nach dem Schmuck von zwanzig Sous,
Den ich – schad! – nicht einmal dann
Dir schenken kann.

Kannst doch ohne allen Tand
– Perlen, Duft und Diamant –
Nur in magrer Nacktheit gehn,
Denn du bist schön!

LE CYGNE

A Victor Hugo.

I

Andromaque, je pense à vous! Ce petit fleuve,
Pauvre et triste miroir où jadis resplendit
L'immense majesté de vos douleurs de veuve,
Ce Simoïs menteur qui par vos pleurs grandit,

A fécondé soudain ma mémoire fertile,
Comme je traversais le nouveau Carrousel.
Le vieux Paris n'est plus (la forme d'une ville
Change plus vite, hélas! que le cœur d'un mortel);

Je ne vois qu'en esprit tout ce camp de baraques,
Ces tas de chapiteaux ébauchés et de fûts,
Les herbes, les gros blocs verdis par l'eau des flaques,
Et, brillant aux carreaux, le bric-à-brac confus.

Là s'étalait jadis une ménagerie;
Là je vis, un matin, à l'heure où sous les cieux
Froids et clairs le Travail s'éveille, où la voirie
Pousse un sombre ouragan dans l'air silencieux,

Un cygne qui s'était évadé de sa cage,
Et, de ses pieds palmés frottant le pavé sec,
Sur le sol raboteux traînait son blanc plumage.
Près d'un ruisseau sans eau la bête ouvrant le bec

DER SCHWAN
Für Victor Hugo

I

Andromache, dein denke ich! – Der kleine Fluß,
Der dir im kümmerlichen trüben Spiegel wies
Des Witwenschmerzes majestätischen Erguß,
Den deine Tränen schwellten, der falsche Simois,

Er kam mir unversehens in den Sinn, als ich
Den Weg genommen übers Neue Carrousel.
– Paris, das alte, ist nicht mehr (es wandelt sich
Der Städte Bild wie kaum des Menschen Herz so schnell).

Im Geist nur noch seh ich der Schuppen wüst Gerümpel,
Die Säulen, grobbehauner Kapitelle Knauf,
Das Unkraut, große Blöcke, grüngefleckt vom Tümpel,
Und, hinter Scheiben blinkend, Werkzeugkram zuhauf.

Ein Vogelhaus war damals noch an jener Stelle;
Dort eines Morgens, um die Zeit, als sich erhob
Die Arbeit unter eines kalten Himmels Helle
Und schwarz der Kehrkolonne Sturm die Luft durchstob,

Sah einen Schwan ich, der dem Käfige entwich
Und der, den weißen Flügel durch den Schotter zerrend,
Mit scharrendem Schwimmfuß übers trockne Pflaster strich.
Am wasserlosen Rinnstein seinen Schnabel sperrend,

Baignait nerveusement ses ailes dans la poudre,
Et disait, le cœur plein de son beau lac natal:
»Eau, quand donc pleuvras-tu? quand tonneras-tu, foudre?«
Je vois ce malheureux, mythe étrange et fatal,

Vers le ciel quelquefois, comme l'homme d'Ovide,
Vers le ciel ironique et cruellement bleu,
Sur son cou convulsif tendant sa tête avide,
Comme s'il adressait des reproches à Dieu!

II

Paris change! mais rien dans ma mélancolie
N'a bougé! palais neufs, échafaudages, blocs,
Vieux faubourgs, tout pour moi devient allégorie,
Et mes chers souvenirs sont plus lourds que des rocs.

Aussi devant ce Louvre une image m'opprime:
Je pense à mon grand cygne, avec ses gestes fous,
Comme les exilés, ridicule et sublime,
Et rongé d'un désir sans trêve! et puis à vous,

Andromaque, des bras d'un grand époux tombée,
Vil bétail, sous la main du superbe Pyrrhus,
Auprès d'un tombeau vide en extase courbée;
Veuve d'Hector, hélas! et femme d'Hélénus!

Je pense à la négresse, amaigrie et phtisique,
Piétinant dans la boue, et cherchant, l'œil hagard,
Les cocotiers absents de la superbe Afrique
Derrière la muraille immense du brouillard;

So badete im Staub er fahrig das Gefieder
Und sprach, das Herz erfüllt vom heimatlichen See:
Wann, Wasser, regnest du? Wann donnerst, Blitz, du nieder?
Seltsame, düstre Mythe: das Tier in seinem Weh,

Das sich, wie bei Ovid der Mensch, zum Himmel reckt,
Zum Himmel, grausam blau und lächelnd wie zum Spott,
Und das auf krampfverrenktem Hals den Kopf hochstreckt,
Als richte es den klägerischen Vorwurf gegen Gott.

II

Paris verändert sich, doch starr bleibt meine Trauer,
In meinem Geist wird alles zur Allegorie:
Neue Palais, Gerüste, alter Vorstadt Mauer –
Erinnerungen ach, wie Felsen lasten sie!

Auch vor dem Louvre hier bedrückt ein Bild mich schwer:
Ich denk an meinen Schwan, so groß und lächerlich
In seinem wilden Tun wie ein Verbannter, der
In friedlosem Verlangen sich verzehrt! An dich,

Andromache, des großen Gatten Arm entrissen,
In Pyrrhus' Hand ein Vieh zu niederstem Genuß,
Vor leeres Grab gekrümmt in schmerzverzückten Küssen,
Witwe des Hektor, ach, und Weib des Helenus!

Der Schwarzen denk ich, die verhärmt und schwindsuchtskrank
Sich starren Auges durch den Schmutz der Straßen quält
Und sucht, wo ihr die ungeheure Nebelwand
Die fernen Palmen stolzen Afrikas verstellt.

A quiconque a perdu ce qui ne se retrouve
Jamais, jamais! à ceux qui s'abreuvent de pleurs
Et tètent la Douleur comme une bonne louve!
Aux maigres orphelins séchant comme des fleurs!

Ainsi dans la forêt où mon esprit s'exile
Un vieux Souvenir sonne à plein souffle du cor!
Je pense aux matelots oubliés dans une île,
Aux captifs, aux vaincus!...à bien d'autres encor!

Ich denk an den, der nimmer, nimmer wird besitzen,
Was er verlor, der sich von seinen Tränen nährt
Und seinen Schmerz saugt wie aus guter Wölfin Zitzen,
Der magern Waisen denk ich, Blumen durstverzehrt!

Und so tönt durch den Wald, in den mein Geist verstoßen,
Erinnerung mit vollem Hörnerklang daher!
Ich denk der auf dem Meer verschollenen Matrosen,
Gefangener, Besiegter ... und viel andrer mehr!

A UNE PASSANTE

La rue assourdissante autour de moi hurlait.
Longue, mince, en grand deuil, douleur majestueuse,
Une femme passa, d'une main fastueuse
Soulevant, balançant le feston et l'ourlet;

Agile et noble, avec sa jambe de statue.
Moi, je buvais, crispé comme un extravagant,
Dans son œil, ciel livide où germe l'ouragan,
La douceur qui fascine et le plaisir qui tue.

Un éclair... puis la nuit! – Fugitive beauté
Dont le regard m'a fait soudainement renaître,
Ne te verrai-je plus que dans l'éternité?

Ailleurs, bien loin d'ici! trop tard! *jamais* peut-être!
Car j'ignore où tu fuis, tu ne sais où je vais,
O toi que j'eusse aimée, ô toi qui le savais!

EINER VORÜBERGEHENDEN

Betäubend heulte rings die Straße. Hoch und schlank
Schritt eine Frau in großer Trauer, majestätisch
In ihrem Schmerz, vorbei und wiegte gravitätisch
Mit der gehobnen Hand Besatz und Saum. Ihr Gang,

Beschwingt und stolz, ließ ahnen einer Statue Knie;
Ich aber trank in einem krampfverzückten Wahn
Aus ihrem Auge, fahlem Himmel vorm Orkan,
Solch süße Lust: wen sie betört, den tötet sie.

Ein Blitz ... und dann die Nacht! Flüchtige Schönheit, die
Mich unversehens neu erschuf mit einem Blick,
Führt erst die Ewigkeit dich wieder mir zurück?

Woanders, weit von hier! zu spät! vielleicht auch nie!
Du weißt nicht meinen Weg, ich nicht, wohin du mußt,
Dich hätte ich geliebt, und Du hast es gewußt.

LE SQUELETTE
LABOUREUR

I

Dans les planches d'anatomie
Qui traînent sur ces quais poudreux
Où maint livre cadavéreux
Dort comme une antique momie,

Dessins auxquels la gravité
Et le savoir d'un vieil artiste,
Bien que le sujet en soit triste,
Ont communiqué la Beauté,

On voit, ce qui rend plus complètes
Ces mystérieuses horreurs,
Bêchant comme des laboureurs,
Des Écorchés et des Squelettes.

II

De ce terrain que vous fouillez,
Manants résignés et funèbres,
De tout l'effort de vos vertèbres,
Ou de vos muscles dépouillés,

Dites, quelle moisson étrange,
Forçats arrachés au charnier,
Tirez-vous, et de quel fermier
Avez-vous à remplir la grange?

DAS SKELETT
ALS ACKERSMANN

I

In anatomischen Atlanten,
Die achtlos auf den Quais verstauben –
Wie alte Mumien schlummern hier
Manch halbvermoderte Folianten –

Auf Blättern, wo die strenge Art,
Der Kunstfleiß eines alten Meisters
Auch in dem ernsten Vorwurf noch
Die Macht der Schönheit offenbart,

Sieht man – an rätselhaftem Grauen
Kann nichts mit diesem Bild sich messen –
Enthäutete und Knochenmänner
Als Ackersleut ihr Feld bebauen.

II

Die wühlend diesen Grund ihr plagt,
Ihr finster knirschenden Gesellen,
Mit allen Kräften eurer Wirbel
Und bloßgelegten Muskeln: Sagt,

Welch seltnen Schatz gilt es zu scharren?
Fronsklaven ihr, vom Schindanger
Geschleifte, welchem Vogt müßt ihr
Die Ernte in die Scheuer karren?

Voulez-vous (d'un destin trop dur
Épouvantable et clair emblème!)
Montrer que dans la fosse même
Le sommeil promis n'est pas sûr;

Qu'envers nous le Néant est traître;
Que tout, même la Mort, nous ment,
Et que sempiternellement,
Hélas! il nous faudra peut-être

Dans quelque pays inconnu
Écorcher la terre revêche
Et pousser une lourde bêche
Sous notre pied sanglant et nu?

Soll dieses gräßlich klare Bild
Eines zu harten Loses zeigen,
Daß nicht einmal die Grube uns
Mit dem verheißnen Schlaf umhüllt?

Daß noch das Nichts wird zum Verräter;
Daß alles, selbst der Tod, uns trügt
Und daß vielleicht in Ewigkeit
Ein jeder von uns Armen später

Die spröde Erde schinden muß
In einem Land, das keiner kennt,
Und muß den schweren Spaten stechen
Mit blutigem und nacktem Fuß?

LE CRÉPUSCULE DU SOIR

Voici le soir charmant, ami du criminel;
Il vient comme un complice, à pas de loup; le ciel
Se ferme lentement comme une grande alcôve,
Et l'homme impatient se change en bête fauve.

O soir, aimable soir, désiré par celui
Dont les bras, sans mentir, peuvent dire: Aujourd'hui
Nous avons travaillé! – C'est le soir qui soulage
Les esprits que dévore une douleur sauvage,
Le savant obstiné dont le front s'alourdit,
Et l'ouvrier courbé qui regagne son lit.
Cependant des démons malsains dans l'atmosphère
S'éveillent lourdement, comme des gens d'affaire,
Et cognent en volant les volets et l'auvent.
A travers les lueurs que tourmente le vent
La Prostitution s'allume dans les rues;
Comme une fourmilière elle ouvre ses issues;
Partout elle se fraye un occulte chemin,
Ainsi que l'ennemi qui tente un coup de main;
Elle remue au sein de la cité de fange
Comme un ver qui dérobe à l'Homme ce qu'il mange.
On entend çà et là les cuisines siffler,
Les théâtres glapir, les orchestres ronfler;
Les tables d'hôte, dont le jeu fait les délices,
S'emplissent de catins et d'escrocs, leurs complices,
Et les voleurs, qui n'ont ni trêve ni merci,
Vont bientôt commencer leur travail, eux aussi,
Et forcer doucement les portes et les caisses
Pour vivre quelques jours et vêtir leurs maîtresses.

DIE ABENDDÄMMERUNG

Der holde Abend, des Verbrechers Kamerad,
Auf Wolfespfoten wie ein Spießgeselle naht;
Sacht schließt der Himmel nun sein großes Schlafgemach,
Im ungeduldigen Menschen wird ein Raubtier wach.

O lieber Abend du, auf den sich jeder freut,
Des Arme ohne Lügen sagen können: Heut
Warn fleißig wir! Der Abend ist es, der den Geist
All denen sänftigt, die ein wilder Schmerz zerreißt,
Dem zähen Forscher, dem die schwere Stirn sich neigt,
Dem Tagelöhner, der gekrümmt sein Bett besteigt.
Indes sind böse Geister in der Luft erwacht,
Träg wie das Geldgesindel, das Geschäfte macht,
Im Fluge taumeln sie an First und Fensterscheiben.
Wo hin und her die windgequälten Lichter treiben,
Entzündet Unzucht ihr Gewerbe in den Gassen,
Ameisen, die den Bau aus jedem Loch verlassen;
Wie sie sich überall geheime Wege bahnt,
Macht sie es wie der Feind, der einen Handstreich plant;
Inmitten regt sie sich der Stadt in Schlamm und Kot
Und raubt dem Menschen wie ein Wurm sein täglich Brot.
Ein Zischen hört man hier und da aus Küchen tönen,
Hört die Theater kreischen, die Orchester dröhnen;
Am Spieltisch, von der Gier nach Kartenglück gepaart,
Sitzt nun die Huren- und die Gaunerzunft geschart;
Die Diebe auch, die Rast und Mitleiden verschmähn,
Sie werden bald an die gewohnte Arbeit gehn,
Die Türen und die Kassenschränke sanft zerschneiden,
Für ein paar Tage Leben und das Liebchen einzukleiden.

Recueille-toi, mon âme, en ce grave moment,
Et ferme ton oreille à ce rugissement.
C'est l'heure où les douleurs des malades s'aigrissent!
La sombre Nuit les prend à la gorge; ils finissent
Leur destinée et vont vers le gouffre commun;
L'hôpital se remplit de leurs soupirs. – Plus d'un
Ne viendra plus chercher la soupe parfumée,
Au coin du feu, le soir, auprès d'une âme aimée.

Encore la plupart n'ont-ils jamais connu
La douceur du foyer et n'ont jamais vécu!

Sei, Seele du, in dieser ernsten Stunde still
Und sammle dich, verschließ dein Ohr vor dem Gebrüll.
Es ist die Stunde, die den Kranken Schmerzen sendet!
An ihre Gurgel greift die düstere Nacht; es wendet
Ihr Schicksal sich zur unabwendbar letzten Qual;
Mit ihren Seufzern füllt sich an das Hospital. –
Und manchem nie das würzige Nachtmahl wiederkehrt
Bei der geliebten Frau am abendlichen Herd.

Auch hat die meisten nie der süße Schein umschwebt
Vom eignen Feuer, und sie haben nie gelebt.

*

Je n'ai pas oublié, voisine de la ville,
Notre blanche maison, petite mais tranquille;
Sa Pomone de plâtre et sa vieille Vénus
Dans un bosquet chétif cachant leurs membres nus,
Et le soleil, le soir, ruisselant et superbe,
Qui, derrière la vitre où se brisait sa gerbe,
Semblait, grand œil ouvert dans le ciel curieux,
Contempler nos dîners longs et silencieux,
Répandant largement ses beaux reflets de cierge
Sur la nappe frugale et les rideaux de serge.

*

Das kleine weiße Haus, das wir am Stadtrand hatten,
Ich hab es nicht vergessen: seinen stillen Schatten,
Die Gips-Pomona und die Venus, die im kargen
Gebüsch des Gartens ihre nackten Glieder bargen,
Die Abendsonne nicht, die prächtig sich ergoß
Und hinterm Fenster, wo ihr Feuerstrahl zerfloß,
Als großes offnes Himmelsauge unverwandt
Auf unserm schweigsamen und langen Nachtmahl stand:
Breithin ließ ihren schönen Kerzenschein sie rinnen
Aufs schlichte Tischtuch, in die Vorhänge aus Linnen.

LE CRÉPUSCULE DU MATIN

La diane chantait dans les cours des casernes,
Et le vent du matin soufflait sur les lanternes.

C'était l'heure où l'essaim des rêves malfaisants
Tord sur leurs oreillers les bruns adolescents;
Où, comme un œil sanglant qui palpite et qui bouge,
La lampe sur le jour fait une tache rouge;
Où l'âme, sous le poids du corps revêche et lourd,
Imite les combats de la lampe et du jour.
Comme un visage en pleurs que les brises essuient,
L'air est plein du frisson des choses qui s'enfuient,
Et l'homme est las d'écrire et la femme d'aimer.

Les maisons çà et là commençaient à fumer.
Les femmes de plaisir, la paupière livide,
Bouche ouverte, dormaient de leur sommeil stupide;
Les pauvresses, traînant leurs seins maigres et froids,
Soufflaient sur leurs tisons et soufflaient sur leurs doigts.
C'était l'heure où parmi le froid et la lésine
S'aggravent les douleurs des femmes en gésine;
Comme un sanglot coupé par un sang écumeux
Le chant du coq au loin déchirait l'air brumeux;
Une mer de brouillards baignait les édifices,
Et les agonisants dans le fond des hospices
Poussaient leur dernier râle en hoquets inégaux.
Les débauchés rentraient, brisés par leurs travaux.

DIE MORGENDÄMMERUNG

Der Weckruf schallte in den Höfen der Kasernen,
Der Morgenwind blies über die Laternen.

Dies ist die Stunde, da umschwärmt von bösen Träumen,
Auf ihren Kissen sich die braunen Knaben bäumen
Und da die Lampe, zuckend wie ein Aug voll Blut,
Ins Frühlicht einen Flecken tuscht von roter Glut;
Da unter störrischen und schweren Leibs Gewicht
Den Kampf von Tag und Lampe auch die Seele ficht.
Wie Winde tränentrocknend um ein Antlitz wehn,
Erschauert rings die Luft von Dingen, die vergehn.
Vom Schreiben ist der Mann, die Frau vom Lieben müd.

Aus Häusern hier und da der erste Rauch entflieht.
Die Huren liegen, bleiern fahl die Augenlider,
Mit offnem Mund in ihrem stumpfen Schlaf darnieder;
Das Bettelweib, mager die Brüste, dürr die Lende,
Bläst in die Feuersglut und bläst in seine Hände.
Es ist die Stunde, da in Frost und in Entbehren
Die Schmerzen Schwangerer verdoppelt wiederkehren;
So wie ein Schluchzen, das ein Blutsturz unterbricht,
Zerreißt von fern der Schrei des Hahns das dunstige Licht;
Ein Nebelmeer badet die Stadt, in den Spitalen
Hauchen die Sterbenden in ihren Todesqualen
In abgerissenen Stößen röchelnd ihre Seele aus.
Der Wüstling kehrt, erschöpft von seinem Tun, nach Haus.

L'aurore grelottante en robe rose et verte
S'avançait lentement sur la Seine déserte,
Et le sombre Paris, en se frottant les yeux,
Empoignait ses outils, vieillard laborieux.

Schon naht sich über der verlassenen Seine zaudernd
Das Morgenrot, in rosiggrünem Kleide schaudernd.
Das mürrische Paris reibt sich die Augenlider
Und greift, ein alter Arbeitsmann, sein Werkzeug wieder.

L'ÂME DU VIN

Un soir, l'âme du vin chantait dans les bouteilles:
»Homme, vers toi je pousse, ô cher déshérité,
Sous ma prison de verre et mes cires vermeilles,
Un chant plein de lumière et de fraternité!

Je sais combien il faut, sur la colline en flamme,
De peine, de sueur et de soleil cuisant
Pour engendrer ma vie et pour me donner l'âme;
Mais je ne serai point ingrat ni malfaisant,

Car j'éprouve une joie immense quand je tombe
Dans le gosier d'un homme usé par ses travaux,
Et sa chaude poitrine est une douce tombe
Où je me plais bien mieux que dans mes froids caveaux.

Entends-tu retentir les refrains des dimanches
Et l'espoir qui gazouille en mon sein palpitant?
Les coudes sur la table et retroussant tes manches,
Tu me glorifieras et tu seras content;

J'allumerai les yeux de ta femme ravie;
A ton fils je rendrai sa force et ses couleurs
Et serai pour ce frêle athlète de la vie
L'huile qui raffermit les muscles des lutteurs.

En toi je tomberai, végétale ambroisie,
Grain précieux jeté par l'éternel Semeur,
Pour que de notre amour naisse la poésie
Qui jaillira vers Dieu comme une rare fleur!«

DIE SEELE DES WEINS

Des Weines Seele sang im Glase jene Nacht:
»Dir, Mensch, dir trinke ich, teurer Enterbter, zu!
Aus rot gelacktem Glasverliese dargebracht
Sei dir ein feurig Lied und brüderliches Du!

Ich weiß, was auf dem glutentflammten Hang der Reben
An Schweiß und Mühn es braucht und kochender Sonnenglut,
Mir Leben einzuflößen, Seele mir zu geben,
Doch bin ich danklos nicht, kein Trank, der übeltut.

Denn es durchdringt mich eine ungeheure Lust,
Sink ich in eines arbeitsmüden Mannes Kehle,
Ich fühl im sanften Grabe seiner warmen Brust
Viel wohler mich als in der kalten Kellerhöhle.

Hörst du die Lieder hallen an den Feiertagen,
Den hoffnungsfrohen Schlag, der mir das Herz durchtönt?
Ellbogen auf dem Tisch, die Ärmel hochgeschlagen,
Verkündest du mein Lob, zufrieden und versöhnt.

Entflammend ihr den Blick, begeistere ich dein Weib,
Ich statte deinen Sohn mit Farbe aus und Kraft
Und bin im Lebenskampf dem zartgestalten Leib
Das Öl, das der Athleten Muskeln wieder strafft.

Ambrosisches Gewächs, so will ich in dich dringen,
Kostbares Korn, gesät vom ewigen Säemann,
Und unsrer Liebe mag dann das Gedicht entspringen,
Wie eine seltene Blume sprießt zu Gott hinan!«

LE VIN DES CHIFFONNIERS

Souvent, à la clarté rouge d'un réverbère
Dont le vent bat la flamme et tourmente le verre,
Au cœur d'un vieux faubourg, labyrinthe fangeux
Où l'humanité grouille en ferments orageux,

On voit un chiffonnier qui vient, hochant la tête,
Butant, et se cognant aux murs comme un poète,
Et, sans prendre souci des mouchards, ses sujets,
Épanche tout son cœur en glorieux projets.

Il prête des serments, dicte des lois sublimes,
Terrasse les méchants, relève les victimes,
Et sous le firmament comme un dais suspendu
S'enivre des splendeurs de sa propre vertu.

Oui, ces gens harcelés de chagrins de ménage,
Moulus par le travail et tourmentés par l'âge,
Éreintés et pliant sous un tas de débris,
Vomissement confus de l'énorme Paris,

Reviennent, parfumés d'une odeur de futailles,
Suivis de compagnons, blanchis dans les batailles,
Dont la moustache pend comme les vieux drapeaux.
Les bannières, les fleurs et les arcs triomphaux

Se dressent devant eux, solennelle magie!
Et dans l'étourdissante et lumineuse orgie
Des clairons, du soleil, des cris et du tambour,
Ils apportent la gloire au peuple ivre d'amour!

DER WEIN DER LUMPENSAMMLER

Oft, wo die roten Lichter von Laternen zucken,
Die scheibenklirrend ihre Glut im Winde ducken,
In alter Vorstadt Schmutz und labyrinthener Enge,
Wo es von Menschen brodelt in gewittrigem Gedränge,

Sieht einen Lumpenkerl man gehn, den Kopf gereckt,
Der stolpernd wie ein Dichter an die Mauern eckt
Und ungeacht der Spitzel, seiner Untertanen,
Verströmt sein Herz in ruhmestrunknen Planen.

Er gibt erhabene Gesetze, leistet Eide,
Zermalmt die Bösen, richtet Opfer auf vom Leide,
Und unterm Sternenhimmel wie ein Baldachin
Geht er berauscht von eigener Tugend Glanz dahin.

Ja, diese Leute, wo zuhaus die Sorgen nagen,
Gequält vom Alter und von ihrer Fron zerschlagen,
Die lahm sich unter einem Pack von Resten bücken,
Der Riesenstadt Paris wahllosen Trödelstücken,

Sie kehren heim, den Duft von Fässern um sich breitend,
Kumpane, schlachtgebleichte, hinter ihnen schreitend,
Die Bärte tragen, die wie alte Fahnen wehn,
Und Banner, Blumen, Siegesbögen – sie erstehn

Vor ihrem Auge als ein zauberprächtig Spiel!
Und im betäubenden und funkelnden Gewühl
Der Trommeln und Trompeten, der Schreie und der Sonne
Bringen sie dem berauschten Volk die Ruhmeswonne.

C'est ainsi qu'à travers l'Humanité frivole
Le vin roule de l'or, éblouissant Pactole;
Par le gosier de l'homme il chante ses exploits
Et règne par ses dons ainsi que les vrais rois.

Pour noyer la rancœur et bercer l'indolence
De tous ces vieux maudits qui meurent en silence,
Dieu, touché de remords, avait fait le sommeil;
L'Homme ajouta le Vin, fils sacré du Soleil!

Und so durch diese Welt der Eitelkeiten rollt
Wie ein verblendender Paktol der Wein sein Gold,
Singt durch des Menschen Kehle seinen eignen Ruhm
Und herrscht durch sein Geschenk wie wahres Königtum.

Den Groll zu tränken und den Stumpfsinn einzuwiegen
Der Alten, die verstummt in ihrem Sterben liegen,
Hat Gott, von Reue angerührt, den Schlaf gegeben;
Der Mensch erschuf den Wein, der Sonne heiliges Leben!

LE VIN DE L'ASSASSIN

Ma femme est morte, je suis libre!
Je puis donc boire tout mon soûl.
Lorsque je rentrais sans un sou,
Ses cris me déchiraient la fibre.

Autant qu'un roi je suis heureux;
L'air est pur, le ciel admirable...
Nous avions un été semblable
Lorsque j'en devins amoureux!

L'horrible soif qui me déchire
Aurait besoin pour s'assouvir
D'autant de vin qu'en peut tenir
Son tombeau; – ce n'est pas peu dire:

Je l'ai jetée au fond d'un puits,
Et j'ai même poussé sur elle
Tous les pavés de la margelle.
– Je l'oublierai si je le puis!

Au nom des serments de tendresse,
Dont rien ne peut nous délier,
Et pour nous réconcilier
Comme au beau temps de notre ivresse,

J'implorai d'elle un rendez-vous,
Le soir, sur une route obscure.
Elle y vint! – folle créature!
Nous sommes tous plus ou moins fous!

DER WEIN DES MÖRDERS

Mein Weib ist tot, jetzt bin ich frei!
Nun sauf ich mich um den Verstand.
Kam ich nach Haus mit leerer Hand,
Zerriß den Nerv mir ihr Geschrei.

Ich fühl mich wie ein König froh;
Die Luft ist rein, der Himmel klar ...
Als ich verliebt noch in sie war,
Der Sommer schien uns ebenso!

Der böse Durst, der mich zerreißt,
Es brauchte wohl, um ihn zu stillen,
So viel des Weins, damit zu füllen
Ihr Grabgelaß – was schon was heißt!

Ich warf sie in ein Brunnenloch
Und stieß ihr noch ins tiefe Grab
Das Steingemäuer mit hinab.
– Könnt ich sie nur vergessen doch!

Bei Schwüren, die wir zärtlich tauschten
Und die noch immer uns verbänden,
Daß wir wie einst uns wiederfänden,
Als schöne Tage uns berauschten,

Bat ich sie um ein Stelldichein,
Des Nachts, an einem dunklen Platz.
Sie kam! – Ein Narr von einem Schatz!
Wir müssen alle Narren sein!

Elle était encore jolie,
Quoique bien fatiguée! et moi,
Je l'aimais trop! voilà pourquoi
Je lui dis: Sors de cette vie!

Nul ne peut me comprendre. Un seul
Parmi ces ivrognes stupides
Songea-t-il dans ses nuits morbides
A faire du vin un linceul?

Cette crapule invulnérable
Comme les machines de fer
Jamais, ni l'été ni l'hiver,
N'a connu l'amour véritable,

Avec ses noirs enchantements,
Son cortège infernal d'alarmes,
Ses fioles de poison, ses larmes,
Ses bruits de chaîne et d'ossements!

— Me voilà libre et solitaire!
Je serai ce soir ivre mort;
Alors, sans peur et sans remords,
Je me coucherai sur la terre,

Et je dormirai comme un chien!
Le chariot aux lourdes roues
Chargé de pierres et de boues,
Le wagon enragé peut bien

Sie war noch immer hübsch, nur eben
So frisch nicht mehr. Ich aber, ach,
Ich liebte sie zu sehr und sprach:
Hinweg mit dir aus diesem Leben!

Verstehn kann keiner mich. Wer auch
Von diesen stumpfen Säufern dächte
Im kranken Elend seiner Nächte,
Daß ich den Wein als Bahrtuch brauch?

Dies Lumpenpack, nicht zu verwunden,
Maschinen gleichend wie von Stahl,
Hat nie im Leben nur einmal
Die wahre Leidenschaft empfunden,

Mit ihren schwarzen Hexerein,
Mit Höllenaufzugs grausem Johlen,
Den Tränen und den Giftphiolen,
Dem Lärm von Ketten und Gebein!

– Nun bin ich frei und bin allein!
Heut saufe ich bis zum Verrecken,
Dann will ich mich zur Erde strecken,
Will ohne Furcht und Reue sein,

Und schlafen will ich wie ein Hund!
Dann komm ein Karren, rädernd schwer
Mit Stein und Schmutz bepackt daher,
Ein rasendes Gefährte und

Écraser ma tête coupable
Ou me couper par le milieu,
Je m'en moque comme de Dieu,
Du Diable ou de la Sainte Table!

Zermalme mir das schuldige Haupt,
Reiß mich in Stücke auf der Stelle,
Ich pfeif drauf, wie auf Gott und Hölle
Und alles, was ich nie geglaubt!

LE VIN DU SOLITAIRE

Le regard singulier d'une femme galante
Qui se glisse vers nous comme le rayon blanc
Que la lune onduleuse envoie au lac tremblant,
Quand elle y veut baigner sa beauté nonchalante;

Le dernier sac d'écus dans les doigts d'un joueur;
Un baiser libertin de la maigre Adeline;
Les sons d'une musique énervante et câline,
Semblable au cri lointain de l'humaine douleur,

Tout cela ne vaut pas, ô bouteille profonde,
Les baumes pénétrants que ta panse féconde
Garde au cœur altéré du poète pieux;

Tu lui verses l'espoir, la jeunesse et la vie,
– Et l'orgueil, ce trésor de toute gueuserie,
Qui nous rend triomphants et semblables aux Dieux!

DER WEIN DES EINSAMEN

Der sonderbare Blick eines galanten Weibes,
Der wie der weiße Strahl zu uns herüberfließt,
Den Luna kräuselnd auf des Weihers Wellen gießt,
Badend die gleichgemute Schönheit ihres Leibes;

Der letzte Beutel Gold in eines Spielers Hand,
Ein zügelloser Kuß der magern Adeline,
Musik entnervender und schmeichlerischer Töne,
Menschlichen Schmerzes fernem Klagelaut verwandt –

All dies zergeht, o tiefe Flasche, wie ein Rauch
Vor jenem Zauberbalsam, den dein trächtiger Bauch
Für eines frommen Dichters durstiges Herz bewacht;

Du schenkst ihm Hoffnung ein, die Jugend und das Leben
Und kannst den Stolz, den Schatz des Lumpenpacks, ihm geben,
Der uns zu Siegern und den Göttern ähnlich macht.

LE VIN DES AMANTS

Aujourd'hui l'espace est splendide !
Sans mors, sans éperons, sans bride,
Partons à cheval sur le vin
Pour un ciel féerique et divin !

Comme deux anges que torture
Une implacable calenture,
Dans le bleu cristal du matin
Suivons le mirage lointain !

Mollement balancés sur l'aile
Du tourbillon intelligent,
Dans un délire parallèle,

Ma sœur, côte à côte nageant,
Nous fuirons sans repos ni trêves
Vers le paradis de mes rêves !

DER WEIN DER LIEBENDEN

Wie strahlend ist heute der Raum!
Ohne Trensen und Sporen und Zaum
Laß reiten uns auf dem Wein
In göttliche Himmel hinein!

Wie zwei Engel, vor denen die heißen
Qualvollen Wahnbilder gleißen,
In des Morgens kristallnem Saphir
Folgen ferner Spiegelung wir!

Sanft von dem Flügelschlagen
Des kundigen Windes gewiegt,
Gemeinsam vom Rausche getragen,

Dir, Schwester, zur Seite geschmiegt,
Fliehn ohne Rast wir und Säumen
Zum Paradies, das wir träumen!

LES MÉTAMORPHOSES DU VAMPIRE

La femme cependant, de sa bouche de fraise,
En se tordant ainsi qu'un serpent sur la braise,
Et pétrissant ses seins sur le fer de son busc,
Laissait couler ces mots tout imprégnés de musc:
– »Moi, j'ai la lèvre humide, et je sais la science
De perdre au fond d'un lit l'antique conscience.
Je sèche tous les pleurs sur mes seins triomphants,
Et fais rire les vieux du rire des enfants.
Je remplace, pour qui me voit nue et sans voiles,
La lune, le soleil, le ciel et les étoiles!
Je suis, mon cher savant, si docte aux voluptés,
Lorsque j'étouffe un homme en mes bras redoutés,
Ou lorsque j'abandonne aux morsures mon buste,
Timide et libertine, et fragile et robuste,
Que sur ces matelas qui se pâment d'émoi,
Les anges impuissants se damneraient pour moi!«

Quand elle eut de mes os sucé toute la moelle,
Et que languissamment je me tournai vers elle
Pour lui rendre un baiser d'amour, je ne vis plus
Qu'une outre aux flancs gluants, toute pleine de pus!
Je fermai les deux yeux, dans ma froide épouvante,
Et quand je les rouvris à la clarté vivante,
A mes côtés, au lieu du mannequin puissant
Qui semblait avoir fait provision de sang,
Tremblaient confusément des débris de squelette,
Qui d'eux-mêmes rendaient le cri d'une girouette
Ou d'une enseigne, au bout d'une tringle de fer,
Que balance le vent pendant les nuits d'hiver.

DIE VERWANDLUNGEN DES VAMPIRS

Indes, wie auf der Glut sich windend eine Schlange,
Die Brüste pressend über ihrer Miederstange,
Ließ dieses Weib aus ihrem Erdbeermund die süßen
Und ganz von Moschusduft durchtränkten Worte fließen:
»Mein Mund ist feucht, die Kunst beherrsch ich zu betören,
Im tiefen Bette das Gewissen zu zerstören.
Auf meinen stolzen Brüsten trockne ich die Tränen,
Ein lachend Kind, so darf der Greis sich bei mir wähnen,
Dem aber, der mich nackt und ohne Hüllen kennt,
Ersetz ich Mond und Sonne und das Firmament!
Ich bin, mein weiser Freund, so kundig aller Lüste,
Wenn ich dem Biß des Mannes biete meine Brüste
– Erst scheu, dann zügellos, erst zart, dann ohn Erbarmen –
Und wenn ich ihn umfang mit meinen starken Armen:
Auf solchen Polstern würden, die vor Wollust beben,
Ohnmächtig selbst die Engel sich der Hölle geben.«

Als sie mir aus den Knochen alles Mark gesogen
Und ich mich dann ermattet zu ihr hingebogen,
Sah ich – ich wollt ihr einen Liebeskuß erwidern –
Nur einen Eiterschlauch noch mit verklebten Gliedern!
Ich schloß die Augen vor dem grausigen Gesicht,
Als ich sie aber öffnete beim hellen Licht,
Da schwankten an des mächtigen Gliederbalges Stelle,
Der voll mit Blut gesaugt schien wie von einer Quelle,
Nur des Gerippes Reste rasselnd mir zur Seit
Und kreischten, so wie eine Wetterfahne schreit
Und wie ein Schild, das an der Eisenstange sacht
Die Winde schaukeln während langer Winternacht.

UN VOYAGE A CYTHÈRE

Mon cœur, comme un oiseau, voltigeait tout joyeux
Et planait librement à l'entour des cordages;
Le navire roulait sous un ciel sans nuages,
Comme un ange enivré d'un soleil radieux.

Quelle est cette île triste et noire? – C'est Cythère,
Nous dit-on, un pays fameux dans les chansons,
Eldorado banal de tous les vieux garçons.
Regardez, après tout, c'est une pauvre terre.

– Île des doux secrets et des fêtes du cœur!
De l'antique Vénus le superbe fantôme
Au-dessus de tes mers plane comme un arome,
Et charge les esprits d'amour et de langueur.

Belle île aux myrtes verts, pleine de fleurs écloses,
Vénérée à jamais par toute nation,
Où les soupirs des cœurs en adoration
Roulent comme l'encens sur un jardin de roses

Ou le roucoulement éternel d'un ramier!
– Cythère n'était plus qu'un terrain des plus maigres,
Un désert rocailleux troublé par des cris aigres.
J'entrevoyais pourtant un objet singulier!

Ce n'était pas un temple aux ombres bocagères,
Où la jeune prêtresse, amoureuse des fleurs,
Allait, le corps brûlé de secrètes chaleurs,
Entrebâillant sa robe aux brises passagères;

EINE REISE NACH KYTHERA

Mein Herz hob sich empor mit vogelleichtem Mut
Und schwebte frei dahin um Takelwerk und Taue,
Der Segler rollte durch das wolkenlose Blaue,
Ein Engel, wie berauscht von Sonnenstrahl und Glut.

Wie heißt die traurige und schwarze Insel dort? –
Kythera ist es, die man im Gesange pries,
Der alten Junggesellen schales Paradies.
Bei allem, wie Ihr seht, ein unwirtlicher Ort!

– Insel der Liebesfeste, der geheimen Lüste!
Der alten Venus wundermächtig Zauberbild,
Das unsern Geist mit Sehnsucht, mit Verlangen füllt,
Schwebt wie ein Würzhauch immer noch um deine Küste.

Insel voll Myrtengrün, voll Blüten, die entspringen,
Bei allen Völkern du verehrt seit alters her,
Land, wo die Seufzer andachtsfrommer Herzen schwer
Wie Weihrauch über einen Rosengarten dringen

Und wie des Taubers ewiges Gegurr! – Nichts war
Kythera als die nackteste der Wüstenein,
Ein öder Fels, umgellt von schrillen Vogelschrein.
Doch bot sich mir ein sonderbarer Anblick dar.

Kein Tempel war es, welchen rings ein Hain umschattet,
Wo sich die junge Priesterin ergeht im Blumenduft
Und der in das Gewand gebauschten kühlen Luft
Zugang zu ihres Leibs geheimer Glut gestattet;

Mais voilà qu'en rasant la côte d'assez près
Pour troubler les oiseaux avec nos voiles blanches,
Nous vîmes que c'était un gibet à trois branches,
Du ciel se détachant en noir, comme un cyprès.

De féroces oiseaux perchés sur leur pâture
Détruisaient avec rage un pendu déjà mûr,
Chacun plantant, comme un outil, son bec impur
Dans tous les coins saignants de cette pourriture;

Les yeux étaient deux trous, et du ventre effondré
Les intestins pesants lui coulaient sur les cuisses,
Et ses bourreaux, gorgés de hideuses délices,
L'avaient à coups de bec absolument châtré.

Sous les pieds, un troupeau de jaloux quadrupèdes,
Le museau relevé, tournoyait et rôdait;
Une plus grande bête au milieu s'agitait
Comme un exécuteur entouré de ses aides.

Habitant de Cythère, enfant d'un ciel si beau,
Silencieusement tu souffrais ces insultes
En expiation de tes infâmes cultes
Et des péchés qui t'ont interdit le tombeau.

Ridicule pendu, tes douleurs sont les miennes!
Je sentis, à l'aspect de tes membres flottants,
Comme un vomissement, remonter vers mes dents
Le long fleuve de fiel des douleurs anciennes;

Vielmehr, als wir so nahe streiften an das Land,
Daß unser weißes Segel auf die Vögel schreckte,
Sahn wir, ein Galgen war es, der drei Arme streckte
Und der zypressengleich und schwarz vorm Himmel stand.

Grimmige Vögel hockten über ihrem Fraß,
Zerfetzten wütend den Kadaver des Gehenkten
Mit grausem Schnabel, den sie wie ein Werkzeug senkten,
Blutige Winkel reißend ins verfaulte Aas.

Die Augen waren Löcher; geborstenem Bauch entwand
Das Eingeweide sich, das auf die Schenkel quoll,
Die Schergen feist, von gräßlichen Genüssen voll,
Hatten mit Schnabelhieben gänzlich ihn entmannt.

Darunter, gierig und die Schnauzen hochgestreckt,
Ein Trupp Vierbeiner kreisend um den Galgen strich;
Ein größeres Tier in ihrer Mitte reckte sich,
Wie unter seinen Knechten sich der Henker reckt.

Kytheras Bürger du, solch schönen Himmels Kind,
Du littest diese Schmach mit schweigender Geduld,
Als Buße für der Dienste frevlerischen Kult,
Weshalb dir Grab und Ruhestatt verweigert sind.

Gehenktes Spottbild, deine Qualen sind die meinen!
Ich fühl beim Anblick deiner schwankend steifen Glieder,
Wie mir als Brechreiz aufsteigt zu den Zähnen wieder
Der lange Gallenfluß von ausgestandenen Peinen.

Devant toi, pauvre diable au souvenir si cher,
J'ai senti tous les becs et toutes les mâchoires
Des corbeaux lancinants et des panthères noires
Qui jadis aimaient tant à triturer ma chair.

– Le ciel était charmant, la mer était unie;
Pour moi tout était noir et sanglant désormais,
Hélas! et j'avais, comme en un suaire épais,
Le cœur enseveli dans cette allégorie.

Dans ton île, ô Venus! je n'ai trouvé debout
Qu'un gibet symbolique où pendait mon image...
– Ah! Seigneur! donnez-moi la force et le courage
De contempler mon cœur et mon corps sans dégoût!

Vor dir, du armer Teufel, hab ich fühlen müssen,
Wie Schnabelhieb und Kiefer morden einen Mann:
Die Raben fielen mich, die schwarzen Panther an,
Die einst mein Fleisch voll Wollust unter sich zerrissen.

– Sanft war der Himmel, spiegelglatt das Meer. Mir ward
Jedoch schwarzblutig alles, was ich seither fühlte,
Als ob ein dichtes Leichentuch sich darum hüllte,
Lag, ach, mein Herz in diesem Denkbild aufgebahrt.

Auf deiner Insel, Göttin, war erhöht zu stehn
Mein eigen Ebenbild am Galgen zu erschauen!...
O Herr, verleih mir Kraft und Mut, laß ohne Grauen
Mich auf mein Herz und meinen Körper niedersehn!

L'AMOUR ET LE CRÂNE
Vieux cul-de-lampe

L'Amour est assis sur le crâne
    De l'Humanité,
Et sur ce trône le profane,
    Au rire effronté,

Souffle gaiement des bulles rondes
    Qui montent dans l'air,
Comme pour rejoindre les mondes
    Au fond de l'éther.

Le globe lumineux et frêle
    Prend un grand essor,
Crève et crache son âme grêle
    Comme un songe d'or.

J'entends le crâne à chaque bulle
    Prier et gémir:
– »Ce jeu féroce et ridicule,
    Quand doit-il finir?

Car ce que ta bouche cruelle
    Éparpille en l'air,
Monstre assassin, c'est ma cervelle,
    Mon sang et ma chair!«

AMOR UND DER SCHÄDEL
Alte Vignette

Amor sitzt auf der Menschheit Schädel
    Wie auf einem Thron
Und läßt von dort, der Schändliche,
    Mit keckem Hohn

Und übermütig runde Blasen
    Aufsteigen in die Luft,
Sie schweben wie zu fernen Welten
    Im blauen Ätherduft.

Die schillernd zartgewölbte Kugel
    Nimmt einen leichten Flug,
Platzt und zersprüht ihr winzig Seelchen
    Wie einen goldnen Trug.

Ich hör bei jeder neuen Blase
    Den Schädel flehn und stöhnen:
Wie lange soll dies freche Spiel
    Mich noch verhöhnen?

Denn was dein Mund in Luft zerlöst
    In frevlem Übermut,
Es ist mein Hirn, mordendes Scheusal,
    Es ist mein Fleisch und Blut!

LA VOIX

Mon berceau s'adossait à la bibliothèque,
Babel sombre, où roman, science, fabliau,
Tout, la cendre latine et la poussière grecque,
Se mêlaient. J'étais haut comme un in-folio.
Deux voix me parlaient. L'une, insidieuse et ferme,
Disait: »La Terre est un gâteau plein de douceur;
Je puis (et ton plaisir serait alors sans terme!)
Te faire un appétit d'une égale grosseur.«
Et l'autre: »Viens! oh! viens voyager dans les rêves,
Au-delà du possible, au-delà du connu!«
Et celle-là chantait comme le vent des grèves,
Fantôme vagissant, on ne sait d'où venu,
Qui caresse l'oreille et cependant l'effraie.
Je te répondis: »Oui! douce voix!« C'est d'alors
Que date ce qu'on peut, hélas! nommer ma plaie
Et ma fatalité. Derrière les décors
De l'existence immense, au plus noir de l'abîme,
Je vois distinctement des mondes singuliers,
Et, de ma clairvoyance extatique victime,
Je traîne des serpents qui mordent mes souliers.
Et c'est depuis ce temps que, pareil aux prophètes,
J'aime si tendrement le désert et la mer;
Que je ris dans les deuils et pleure dans les fêtes,
Et trouve un goût suave au vin le plus amer;
Que je prends très souvent les faits pour des mensonges,
Et que, les yeux au ciel, je tombe dans des trous.
Mais la Voix me console et dit: »Garde tes songes;
Les sages n'en ont pas d'aussi beaux que les fous!«

DIE STIMME

Mein Kinderbett stieß an den Bücherschrank: ein finstres Babel,
Wo sich die Asche Roms, der Staub von Griechenland
Vermischten mit Roman und Wissenschaft und Fabel.
Ich selber war nicht größer als ein Foliant.
Zwei Stimmen redeten verfänglich auf mich ein.
Die eine sprach: Die Erde ist ein süßer Kuchen;
Ich will – und dein Genuß mag unersättlich sein –
Mit unersättlicher Begierde dich versuchen. –
Die andre: Komm, o komm, und in die Träume reise,
Jenseits des Möglichen und dessen, was du kennst! –
Und diese sang so wie des Dünenwindes Weise,
Wer weiß, woher er kommt, ein seufzendes Gespenst,
Das unser Ohr liebkost und schreckt dasselbe Mal.
– Ja, süße Stimme! gab ich dir zurück. Es stammt
Von dort, was, ach! längst mir zum Schicksal ward, zur Qual.
Hinter des ungeheuren Daseins buntem Tand,
Im Abgrundschwärzesten von allen Finsternissen,
Seltsame Welten schau und unterscheid ich dort
Und schleife Schlangen, fest in meine Schuh verbissen,
Verzücktes Opfer von Gesichten mit mir fort.
Es ist seit jener Zeit, daß ich wie die Propheten
Das Meer so innig liebe und die Wüstenein,
Daß ich auf Festen weine, lache, statt zu beten,
Und Süßigkeit erschmecke noch im herbsten Wein;
Daß ich die Wahrheit oft mehr als die Lüge scheue,
Daß ich in Gruben stürze, seh ich auf zum Licht.
Die Stimme tröstet mich: Halt deinem Traum die Treue;
So schön, wie Narren träumen, träumen Weise nicht!

A UNE MALABARAISE

Tes pieds sont aussi fins que tes mains, et ta hanche
Est large à faire envie à la plus belle blanche;
A l'artiste pensif ton corps est doux et cher;
Tes grands yeux de velours sont plus noirs que ta chair.
Aux pays chauds et bleus où ton Dieu t'a fait naître,
Ta tâche est d'allumer la pipe de ton maître,
De pourvoir les flacons d'eaux fraîches et d'odeurs,
De chasser loin du lit les moustiques rôdeurs,
Et, dès que le matin fait chanter les platanes,
D'acheter au bazar ananas et bananes.
Tout le jour, où tu veux, tu mènes tes pieds nus,
Et fredonnes tout bas de vieux airs inconnus;
Et quand descend le soir au manteau d'écarlate,
Tu poses doucement ton corps sur une natte,
Où tes rêves flottants sont pleins de colibris,
Et toujours, comme toi, gracieux et fleuris.
Pourquoi, l'heureuse enfant, veux-tu voir notre France,
Ce pays trop peuplé que fauche la souffrance,
Et, confiant ta vie aux bras forts des marins,
Faire de grands adieux à tes chers tamarins?
Toi, vêtue à moitié de mousselines frêles,
Frissonnante là-bas sous la neige et les grêles,
Comme tu pleurerais tes loisirs doux et francs,
Si, le corset brutal emprisonnant tes flancs,
Il te fallait glaner ton souper dans nos fanges
Et vendre le parfum de tes charmes étranges,
L'œil pensif, et suivant, dans nos sales brouillards,
Des cocotiers absents les fantômes épars!

            1840.

AUF EIN MÄDCHEN VON MALABAR

Dein Fuß ist fein wie deine Hand, und deine Lende
Ist breit, daß selbst die schönste Weiße Neid empfände;
Dem ernsten Künstler ist dein Leib süß und vertraut,
Dein großes samtnes Aug ist schwärzer als die Haut.
In Ländern heiß und blau, wo dich dein Gott erschuf,
Ist deines Herren Pfeife anzuzünden dein Beruf,
Flakons mit Duft und frischem Wasser zu versehen,
Vom Bett die schwärmenden Moskitos wegzuwehen,
Und wenn im Morgenwinde singen die Platanen,
Kaufst im Bazar du Ananasse und Bananen.
Barfüßig wandelst du den ganzen Tag dahin
Und trällerst alte, unbekannte Weisen vor dich hin,
Und steigt im Scharlachmantel dann der Abend nieder,
Auf einer Matte bettest sanft du deine Glieder,
Und Kolibris durchschwirren deiner Träume Reich,
Die stets wie du anmutig sind und blütengleich.
Warum, glückliches Kind, willst du dies Frankreich sehen,
Dies übervölkert Land, wo Leiden um sich mähen?
Warum dem starken Arm der Schiffer dich vertrauen
Und nie mehr deine lieben Tamarinden schauen?
Zur Hälfte nur von dünnem Musselin umflossen,
Was wirst du schaudern unter Schnee und Hagelschlossen?
Nach Freiheit weinst du dann, nach süßer Muße wieder,
Wenn du, die Hüften eingezwängt ins harte Mieder,
Dein Nachtmahl klauben mußt aus unsern Unrathaufen
Und mußt der fremden Reize Wohlgeruch verkaufen,
Verlornen Blicks, wo schmutzig unsre Nebel qualmen,
Den schwanken Schemen folgend ferner Kokospalmen.

LES PLAINTES D'UN ICARE

Les amants des prostituées
Sont heureux, dispos et repus;
Quant à moi, mes bras sont rompus
Pour avoir étreint des nuées.

C'est grâce aux astres nonpareils,
Qui tout au fond du ciel flamboient,
Que mes yeux consumés ne voient
Que des souvenirs de soleils.

En vain j'ai voulu de l'espace
Trouver la fin et le milieu;
Sous je ne sais quel œil de feu
Je sens mon aile qui se casse;

Et brûlé par l'amour du beau,
Je n'aurai pas l'honneur sublime
De donner mon nom à l'abîme
Qui me servira de tombeau.

DIE KLAGEN EINES IKARUS

Die Freier bei ihren Huren
Sind glücklich und satt von Behagen,
Mir wurden die Arme zerschlagen,
Weil sie die Wolken umfuhren.

Die funkelnd am Himmelsgrund stehn,
Die unvergleichlichen Sterne
Lassen mein Auge nur ferne
Schemen von Sonnen noch sehn.

Ich war Grenzen und Mitte der Welt
Vergeblich zu finden bemüht,
Von unsäglichem Feuer durchglüht,
Fühl ich, mein Flügel, er fällt.

Und von Liebe zum Schönen versengt,
Muß ich des Ruhms entbehren,
Mit Namen den Abgrund zu ehren,
Der mich als Grabstatt empfängt.

ANMERKUNGEN

6 *Au Lecteur*

Satan Trismégiste: Satan erhält hier den Beinamen des Hermes Trismegistos, des ›Dreimalgrößten‹, den die Griechen mit dem ägyptischen Gott Thot, dem Gott der Schreibkunst und der Wissenschaft, gleichsetzten. Hermes Trismegistos galt der Spätantike als Verfasser astrologischer, religiösphilosophischer, magisch-mystischer und okkultistischer Schriften, die im sogenannten *Corpus Hermeticum* (2. und 3. Jh. n. Chr.) überliefert sind. Das Mittelalter sah in Hermes Trismegistos den Begründer der Alchimie. Zum Motiv des Künstlers als eines alchimistischen Adepten vgl. *Alchimie de la Douleur*.
houka: Huka oder Hukka (hindustan., zu arab. hukka ›Behälter‹), die im 19. Jahrhundert beliebte indische Wasserpfeife mit langem, meist elastischem Rohr und einem mit Wasser gefüllten Bodengefäß, der eigentlichen Huka, durch welches der Rauch geht.

18 *Le Guignon*

Die beiden Quartette des Sonetts variieren in zum Teil wortgetreuer Transposition eine Strophe des amerikanischen Dichters Longfellow (1807–1882) aus dessen Gedicht *A Psalm of Life* (in der Sammlung *Voices of the Night*, 1839):
> Art is long and time is fleeting,
> And our hearts, though stout and
> brave,
> Still, like muffled drums, are
> beating
> Funeral marches to the grave.

E. A. Poe hatte die Strophe seiner Erzählung *The Tell-tale Heart* (1843) als Motto vorangestellt.
Die beiden Terzette paraphrasieren eine Strophe aus der *Elegy Written in a Country Churchyard* (1751) von Thomas Gray (1716–1771):
> Full many a gem of purest ray
> serene
> The dark unfathomed caves of
> Ocean bear;
> Full many a flower is born to blush
> unseen
> And waste its sweetness on the
> desert air.

20 *Bohémiens en voyage*

Das Gedicht ist inspiriert durch zwei Kupferstiche von Jacques Callot (1592–1635): *Le Départ* (Der Aufbruch) und *L'Arrièregarde* (Die Nachhut) aus der Folge *Les Bohémiens*. *L'Arrièregarde* trägt die gereimte Aufschrift:
> Ces pauvres gueux pleins de
> bonadventures
> Ne portent rien que des choses
> futures.

Cybèle: frühgriechische, aus Kleinasien stammende Mutter- und Vegetationsgöttin, ›Große Mutter‹. Als Herrin der Natur spendet Kybele alle Fruchtbarkeit und läßt alljährlich die erstorbene Natur zu neuem Leben erwachen.
Fait couler le rocher: Anspielung auf das Wunder des Moses, der auf der Wüstenwanderung des Volkes Israel mit einem Stab Wasser aus dem Felsen schlug.

22 *Don Juan aux Enfers*

Charon: Der Fährmann der Unterwelt, der die Toten über den Styx oder Acheron setzt. Das Fährgeld war ein Obolos, den man dem Toten unter die Zunge legte.
Un sombre mendiant: In Molières Komödie *Dom Juan ou Le Festin de Pierre* (1665) der fromme Bettler, dem Dom Juan einen Louisdor verspricht, wenn er sich zu einem Fluch bereit findet (III, 2).
Antisthène: Antisthenes (um 455–360 v. Chr.), Schüler des Sokrates und Begründer der kynischen Philoso-

phenschule. Die Ethik des Antisthenes war rigoristisch: Der Philosoph verwarf die Lust und predigte Abhärtung durch freiwilliges Ertragen von Strapazen und Bedürfnissen. Wohl deshalb erscheint sein Name hier im Sinne eines Widerparts zu Don Juan.
Sganarelle: Bei Molière der Diener Dom Juans, der in der Schlußszene seinem entgangenen Lohn nachtrauert.
Don Luis: Dom Juans Vater, der bei Molière seinen Sohn zur Umkehr ermahnt, von diesem aber nur mit Spott bedacht wird (IV, 4).
la chaste et maigre Elvire: Die von Don Juan verlassene Gattin; *die lange, hagere Donna Elvira* heißt sie in E. T. A. Hoffmanns Erzählung *Don Juan*.
un grand homme de pierre: der von Don Juan im Zweikampf getötete Komtur, der Vater Donna Annas, der sich als ›steinerner Gast‹ bei der Abendmahlzeit Don Juans einstellt und dem Wüstling die verdiente Höllenfahrt bereitet.

26 *L'Idéal*
Gavarni: Paul Gavarni, Künstlername für Sulpice Chevalier (1804–1866), Zeichner und Karikaturist, seit 1837 Mitarbeiter des *Charivari*. Schilderte in geistreicher Manier das gesellschaftliche Leben der Zeit und, nach einem dreijährigen England-Aufenthalt (1848–51), das Leben in den Armenvierteln Londons.
grande Nuit, fille de Michel-Ange: Michelangelos *Nacht* auf einem der Gräber der Mediceischen Kapelle in Florenz.

28 *Les Bijoux*
et ses seins, ces grappes de ma vigne: Entlehnung aus dem *Hohenlied* (VII, 8–9): *Dein Wuchs ist hoch wie ein Palmbaum und deine Brüste gleich den Weintrauben ... Laß deine Brüste sein wie Trauben am Weinstock ...*
Antiope: 1. Tochter des Nykteus, König von Theben, Geliebte des Zeus; 2. Amazonenkönigin, gebar dem Theseus den Hippolytos. –

Der Louvre besitzt die *Antiope*-Gemälde von Correggio, Tizian und Watteau; die Forschung hat außerdem auf die *Antiope* von Ingres hingewiesen, die Baudelaire kannte. Als literarische Quelle kommt eine Stelle aus Gautiers *Mademoiselle de Maupin* (1835) in Betracht: *Cette ligne de la hanche qui serpente si voluptueusement est celle de l'Antiope endormie.*

42 *Sed non satiata*
Der Titel ist Zitat aus einer Satire des römischen Dichters Juvenal (VI, 130):
 Et lassata viris, sed non satiata recessit.
(Und sie zog, erschöpft von den Männern, doch nimmer ersättigt, nach Hause ...) Gemeint ist Messalina, die Gemahlin des Kaisers Claudius, deren Ausschweifungen berüchtigt waren und der nachgesagt wurde, daß sie sich nachts in den römischen Bordellen prostituiere.
constance: Südafrikanischer Wein vom Kap der Guten Hoffnung.
nuits: Nuits oder Nuits-Saint-Georges, berühmter französischer Rotwein aus Burgund.
Styx: der Fluß der Unterwelt, der neunfach das Totenreich umwindet. Vgl. Vergil, *Aen.* VI, 439: *... et novies Styx interfusa coercet.* (... und der Styx, der neunfach umströmende, bannt sie.) In den *Cahiers* zitiert Sainte-Beuve zu dieser Stelle einen Vers aus dem 3. Buch der *Amores* (VII, 26) Ovids: *Me memini numeros sustinuisse novem.* (Ich erinnere mich, neun Nummern durchgestanden zu haben.)
Mégère: Megaira, eine der drei Erinnyen, der unterirdischen Rachegöttinnen.
Proserpine: Proserpina, griech. Persephone, Tochter der Demeter, lebte die Hälfte des Jahres in der Unterwelt.

58 *Le Léthé*
Le népenthès: schmerzlinderndes Mittel mit euphorisierender Wirkung.

72 *A une Madone*
Pour Marchepied tailler une Lune d'argent: Gemeint ist der ikonographische Typ der Madonna mit der Mondsichel wie auf Murillos *Immaculata* im Prado.
sept Couteaux: die sieben Schwerter der schmerzensreichen Jungfrau.

80 *Sisina*
Titel: Sisina wurde eine Freundin der Madame Sabatier, Élisa Neri (oder Guerri), genannt, über die nur wenig bekannt ist. Baudelaire erwähnt sie zweimal in seinen Briefen, außerdem taucht sie als Heldin einer geplanten Novelle (*E. G. ou la belle aventurière*) bei ihm auf.
Théroigne: Théroigne de Méricourt (Anne-Josèphe Terwagne, 1762–1817), die ›Amazone der Freiheit‹, eine Heldin der Französischen Revolution.

86 *Sonnet d'Automne*
– marguerite – Marguerite: Wortspiel mit dem Namen der geliebten Frau, wie es etwa in der Lyrik der Pléiade (Ronsard, du Bellay) beliebt war. Zweifellos beabsichtigt ist die literarische Allusion an das Gretchen des *Faust*, den Gounods Vertonung in Frankreich außerordentlich populär gemacht hatte; das Gedicht erschien zuerst im Jahr der Uraufführung (1859) der Oper. – In Gautiers *La Comédie de la Mort* (1838) heißt es von der Margarete des *Faust*:
Un seul baiser, ô douce et blanche Marguerite,
Pris sur ta bouche en fleur, si fraîche et si petite ...

100 *Une Gravure fantastique*
Titel: Vorlage für dieses Stück deskriptiver Poesie war ein Stich von Joseph Haynes nach einer Zeichnung seines Lehrers John Hamilton Mortimer (1740–1779): *Death on a Pale Horse*. In der Ausgabe von 1857 lautete der Titel noch: *Une gravure de Mortimer*. – Die literarische Quelle des Stichs ist ein Vers der *Offenbarung Johannis*

(VI, 8): *Und ich sah, und siehe, ein fahles Pferd. Und der darauf saß, des Name hieß Tod und die Hölle folgte ihm nach.*

102 *Spleen*
Pluviôse: von lat. pluvia ›Regen‹; der ›Regenmonat‹, der fünfte Monat des französischen Revolutionskalenders (21. Januar bis 20. Februar).

104 *Spleen*
Boucher: François Boucher (1703–1770), französischer Maler des Rokoko.
dont l'humeur farouche / Ne chante qu'aux rayons du soleil qui se couche: Baudelaire überträgt hier auf die Sphinx ein mythologisches Motiv, das mit der sogenannten Memnonssäule, der nördlichen der beiden kolossalen Sitzfiguren beim ägyptischen Theben, verbunden war. Die singenden Töne der Memnonssäule, die man der Überlieferung nach bei Sonnenaufgang hören konnte, wurden als Gruß des Memnon an seine Mutter Eos gedeutet; sie gingen wohl auf das durch den Temperaturwechsel veranlaßte Springen der verwitterten Steine zurück.

106 *Spleen*
Léthé: Lethe, Fluß der Unterwelt; wer aus ihm trinkt, verliert die Erinnerung an das irdische Leben.

112 *Alchimie de la Douleur*
Hermès: hier Hermes Trismegistos, der Gott geheimer Offenbarungsweisheiten und angeblicher Begründer der Alchimie. Vgl. das Eingangsgedicht *Au Lecteur*.
Midas: sagenhafter König von Phrygien, der sich von Dionysos die verhängnisvolle Gabe erbat, daß alles, was er berührte, zu Gold wurde.

114 *Horreur sympathique*
Ovide / Chassé du paradis latin: Ovid war im Jahre 8. n. Chr. von Augustus nach Tomis am Schwarzen Meer ver-

bannt worden, wo er seine *Tristia* und *Epistulae ex Ponto* schrieb. Delacroix hatte im Salon von 1859 ein Gemälde *Ovide en exil chez les Scythes* ausgestellt, das Baudelaire kannte.

120 *A une Mendiante rousse*
Belleau: Rémy Belleau (1528–1577), französischer Dichter aus dem Kreis der Pléiade.
Ronsard: Pierre de Ronsard (1524–1585), bedeutendster Dichter der Pléiade.
lis: Anspielung auf die Lilien des französischen Königswappens.
Valois: französisches Königshaus.
Véfour: das Véfour war eines der teuersten Restaurants in Paris.

128 *Le Cygne*
Andromaque: Andromache, Gattin des Hektor, die nach dem Fall Trojas als Sklavin dem Neoptolemos (oder Pyrrhos), dem Sohn des Achill, zufällt und später ihrem Schwager und Mitsklaven, dem troischen Seher Helenos, überlassen wird.
Simoïs: Helenos hatte in Epirus, dem heutigen Albanien, die Siedlung Buthroton gegründet, wo er allen Örtlichkeiten heimische Namen gab, so auch einem kleinen Fluß, den er Simois (nach dem troischen Nebenfluß des Skamandros) nannte. ›Am Wasser des falschen Simois‹ (*Falsi Simoentis ad undam:* Vergil, *Aen.* III, 302) trifft Aeneas die trauernde Andromache an, wo sie zum Gedächtnis an den von Achill getöteten Hektor einen leeren Grabhügel mit zwei Altären errichtet hat. Das Vergil-Zitat hatte Baudelaire dem Erstdruck des Gedichtes (1860) vorangestellt.
le nouveau Carrousel: Die Place du Carrousel zwischen dem Louvre und den Tuilerien. Dort ließ Napoleon III. zu Anfang der fünfziger Jahre ein altes Viertel abreißen.
l'homme d'Ovide: Zitat einer Stelle aus Ovids *Metamorphosen* (I, 84–86):

Pronaque cum spectent animalia cetera terram,
os homini sublime dedit,
caelumque videre iussit et erectos ad sidera tollere vultus.

Während die andern Geschöpfe gebeugt zur Erde hinabsehn / Gab er (der Vater der Dinge) dem Menschen erhobenen Blick und den Himmel betrachten / Lehrte er ihn und empor zu den Sternen heben das Antlitz.
une bonne louve: Anspielung auf die römische Wölfin, die Romulus und Remus säugte.
Aux captifs, aux vaincus: Anspielung auf die von Napoleon III. geächteten und verbannten Gegner des Zweiten Kaiserreichs, zu denen auch der im Exil lebende Victor Hugo gehörte, dem Baudelaire dieses Gedicht widmete.

144 *Je n'ai pas oublié...*
Pomone: Pomona, römische Göttin der Baumfrüchte.

152 *Le Vin des Chiffonniers*
Pactole: Paktolos, Fluß in Lydien, der angeblich Goldsand führte.

168 *Un Voyage à Cythère*
Cythère: Kythera, italien. Cerigo, griechische Insel vor dem Südostkap der Peloponnes, schon im frühen Altertum sagenumwobener Kultort der Aphrodite. – Nach Baudelaires eigenem Zeugnis haben ihm für dieses Gedicht einige Prosazeilen Gérard de Nervals (1808–1855) zum Programm gedient. Nerval hatte 1843 das östliche Mittelmeer bereist und seine Eindrücke in dem Reisebuch *Voyage en Orient* (1851) geschildert. Teile des Reiseberichts waren unmittelbar nach seiner Rückkehr schon in der Zeitschrift *L'Artiste* erschienen. In den Nummern vom 30. Juli und vom 11. August 1844 findet sich die Schilderung seines Besuches auf der Insel, die damals in englischer Hand war – ein Besuch, der

in Wahrheit nie stattgefunden hat und völlig das Produkt literarischer Quellen ist. Von hier übernahm Baudelaire neben anderen Motiven das Bild des Gehenkten an dem dreiarmigen Galgen.

174 *L'Amour et le Crâne*

Als Vorlage dieses Gedichtes diente Baudelaire ein emblematischer Stich des Hendrick Goltzius (1558–1617). Die pictura zeigt einen Putto, der auf einem Totenschädel sitzt und aus einem Rohr Seifenblasen in die Luft entläßt; eine Vase mit Blumen und ein Räuchergefäß rahmen die Szene ein. Das Motto lautet: *Quis evadet?* (Wer entrinnt?) Die Subscriptio beginnt mit den Versen: *Memento brevis haec, certeque obnoxia morti / Vita, quasi fumus, bullula flosque perit.* (Bedenke, kurz ist das Leben und unentrinnbar dem Tode verfallen; wie ein Rauch, eine kleine Seifenblase, eine Blume vergeht es.)

180 *Les Plaintes d'un Icare*

Icare: Ikaros, Sohn des Daidalos, des Erbauers des kretischen Labyrinths. Als Daidalos bei König Minos in Ungnade fällt und ins Labyrinth gesperrt wird, verfertigt er für sich und Ikaros Flügel aus Federn und Wachs und flieht so aus seinem Gefängnis. Während des Flugs nähert sich Ikaros trotz der Warnung seines Vaters zu sehr der Sonne: das Wachs schmilzt und Ikaros stürzt ins Meer, das seither den Namen ›Ikarisches Meer‹ trägt. – Die Anregung zu diesem Gedicht hat Baudelaire mit großer Wahrscheinlichkeit durch einen Stich des Hendrick Goltzius erhalten (vgl. die Anmerkung zu *L'Amour et le Crâne*). Der Stich gehört zu einer Serie von vier emblematischen Rundbildern, deren übrige die Schicksale von Tantalos, Phaeton und Ixion darstellen – alles Helden, die wegen ihrer Frevel oder ihrer Hybris gestürzt oder gestraft werden. Die Legende des Ikaros-Medaillons lautet:

Scire dei munus, divinum est noscere velle
Sed fas limitibus se tenuisse suis.
Dum sibi quisque sapit, nec justi examina cernit,
Icarus, Icarys nomina donat aquis.

(Wissen ist eine göttliche Gabe, das Kennenwollen ist göttlich; doch es ist geboten, die uns gesetzten Grenzen nicht zu überschreiten. Wenn jeder nur seinem Gutdünken folgt und nicht das Rechte prüft, gibt er, ein Ikarus, Ikarischen Gewässern seinen Namen. – Übersetzung: F. Kemp.)

ZUR ÜBERSETZUNG

Die *Fleurs du Mal* sind eine planvoll angelegte und kunstvoll gegliederte Architektur, ein Werk von strengem Satz mit reicher Motivverknüpfung und dichter thematischer Arbeit, *kein Album*, wie Baudelaire selbst gesagt hat, sondern ein Buch von konstruktivistischem Charakter, das ein *Programm* entwickelt, eine Komposition, die *als Ganzes* beurteilt werden muß. Eine Ausgabe, die aus diesem Ganzen nur einen Teil bringt, zerstört notwendigerweise diese Tektonik; der Übersetzer ist sich dessen bewußt. Doch handelt es sich hier nicht um eine Auswahl im geschmäcklerischen Sinn, um ein Florilegium etwa der ›schönsten Gedichte‹ Baudelaires, vielmehr um die Vorweg-Publikation einer intendierten metrischen Gesamtübertragung. Daß diese bei einem Werk wie den *Fleurs du Mal*, an das Baudelaire selbst zwanzig Jahre geduldiger Kaltnadelarbeit des Worts gewandt hat, nicht als mechanische Fließbandproduktion zustande kommen kann und ihre Zeit braucht, dafür erhofft sich der Übersetzer das nachsichtige Verständnis des Lesers.

Man mag freilich fragen, ob im Falle der *Fleurs du Mal* eine Versübertragung mit all ihren durch Reimnot, Silbenzwang und prosodische Rücksichten bedingten Unzulänglichkeiten überhaupt noch nötig oder gar wünschenswert sei, da doch seit Jahren mit Friedhelm Kemps Prosa-Transposition eine mustergültige deutsche Fassung vorliegt. Der Übersetzer wäre der letzte, der sich diesem Argument verschließen würde; zu sehr ist sein eigener Versuch der sprachlichen Genauigkeit und den vielen geglückten Wendungen der Kempschen Übersetzung verpflichtet – so wie diese selbst sich ihren Vorgängern, allen voran den bewunderungswürdigen Leistungen Georges und Benjamins, verpflichtet weiß. Trotzdem kann die Prosa-Transkription eines metrisch gebundenen Textes nicht der übersetzerischen Weisheit letzter Schluß sein; es wäre eine Illusion zu glauben, die Reduktion der artifiziell geformten Textgestalt auf den diskursiv mitteilbaren Textinhalt bedeute eine weniger schmerzliche Einbuße an Substanz des Originals, als man sie bei der Versübertragung meist hinnehmen muß. Denn ein Gedicht besteht ja nicht aus seinem Inhalt, dem Vers, Reim, Metrum, Klang, Rhythmus, Stil als dekorative Ornamente nur übergestreift wären; die künstlerische Form ist nicht die kulinarische Herrichtung eines prosaischen Sinns, der ihrer im strengen Verstand vielleicht nicht einmal bedürfte, sie gehört vielmehr zur ›raison d'être‹ des Gedichts, ist ihm vom Augenblick der Inspiration an gleichsam eingeboren. Was daher die Versübersetzungen meist an Texttreue vermissen lassen, das muß die prosaische, die sich nur als ›Lesehilfe‹ versteht, an künstlerischer Treue verloren geben. Solange aber die Schönheit von Gedichten noch empfunden wird, das heißt, solange sie eine lebendige Wirkung ausüben, solange werden auch Übersetzer sich der künstlerischen und intellektuellen Herausforderung stellen und diese Schönheit in der eigenen Sprache nachzubilden suchen.

Das heißt nicht, der Übersetzer würde in einen Wettstreit mit dem Genie des Autors eintreten, den er übersetzt. Kongeniale, ja das Original übertreffende Übersetzungen sind Raritäten in der Weltliteratur, und das hängt nicht einmal von literarischen Rangunterschieden ab; es kann ein großer Dichter einen mittelmäßigen Autor höchst minderwertig übersetzen. Um wieviel mehr gilt dies für die *Fleurs du Mal*, die von Vers zu Vers einen einzigen grandiosen Höhenzug des geglückten, des notwendigen poetischen Ausdrucks darstellen; jeder Übersetzer, der sich hier ans Werk macht, folgt einem ›heroischen Trotzdem‹. Der Versuch der ästhetischen Reproduktion bedeutet auch keinen Freibrief für übersetzerische Lizenzen im Namen einer pseudo-poetischen Fazilität und auf Kosten des Bezugstextes; er hat nichts zu tun mit den ›belles infidèles‹ des 18. Jahrhunderts, nichts auch mit den selbstherrlichen ›Umdichtungen‹ etwa der Neuromantik und des Expressionismus, für die Übersetzung oft nur noch die freie Paraphrase über ein vorgegebenes Thema ist. Auch die Versübertragung kann sich nicht in der Freiheit vom, sondern allein in der Bindung ans Original verwirklichen; ihr Ideal ist die Herstellung einer Harmonie zwischen poetischer Schönheit und genauem Wortlaut, die sie als ästhetisches und als linguistisches Gebilde so nahe wie möglich ans Original heranrückt.

Daß dies Ideal unerreichbar, daß bestenfalls eine asymptotische Annäherung möglich ist, liegt in der Natur der Sache selbst; die Unfähigkeit der Übersetzung, sich *dem Original* gleichsam *identisch zu machen*, wie Goethe gesagt hat, haftet ihr an als ein irreparabler ontologischer Defekt – usueller Argumentationsmechanismus übrigens einer auch heute noch gern geübten positivistischen Übersetzungskritik, bei der jedes Urteil, auch das ästhetisch wertende, zuletzt immer auf den Gemeinplatz zurückführt, von dem es als bequem zu habender Prämisse bereits ausgeht: die Übersetzung sei eben leider nicht das Original. Daß sie es nicht ist, nicht sein kann und daß sie doch, starr aufs Original fixiert, gewissermaßen so tun muß, als wolle sie es sein: in diesem Paradox liegt das Elend, das Dilemma, die Aporie, liegen aber auch die schöpferischen Möglichkeiten des übersetzerischen Verfahrens begründet. Es war Ortega y Gasset, der aus der paradoxalen Doppelnatur der Übersetzung den Gedanken hergeleitet hat, sie müsse gerade als *eine besondere, von allen anderen verschiedene literarische Gattung mit ... eigenen Normen und Zwecken aufgefaßt* werden – kein Duplikat des Originals, aber doch in dessen strengen Dienst genommen, ein Gebilde, das man zwar von seiner Treue zum Original her beurteilen soll, das aber um dieser Bedingung willen auch Anspruch darauf erheben darf, als eigenständiger literarischer Text aufgefaßt zu werden; Übersetzung als *Form fremdbestimmter Textkonstitution*, wie man sie neuerdings mit einer sehr präzisen Formel definiert hat (K. Maurer).

Die Rechenschaftslegung über die Prioritäten, denen der Übersetzer bei seiner Arbeit gefolgt ist, würde eines umständlichen theoretischen Diskurses, die Begründung für die Entscheidungen, die er im konkreten Fall jeweils getroffen hat, eines langen Registers bedürfen. Ich will mich auf den Punkt beschränken, der mir der wichtigste war. Mein Hauptaugenmerk galt der Wahrung der semantischen Substanz des Originals, insofern diese sich in den sinn- und bedeutungstragenden Wortarten, dem Nomen, dem Adjektiv, dem Verb, manifestiert. Nur wo es sich als unumgänglich erwies, habe ich diese semantische Substanz angetastet: entweder daß ich ein einzelnes Wort, wohl auch eine Wendung unübersetzt ließ oder mir gelegentlich mit einer gewissen semantischen Verschiebung helfen mußte. Dagegen habe ich alle Zutaten zur semantischen Substanz, wie sie sich in Form pleonastischer oder periphrastischer Aufschwellungen und versstreckender Verlegenheitsfüllsel gerne einstellen, strikt zu vermeiden oder doch auf das Mindestmaß zu beschränken versucht.

Freizügiger bin ich im Hinblick auf die dem französischen Sprachsystem eigentümlichen Elemente verfahren: im Hinblick auf Tempusbildung, Modalisierung, Satzkonstruktionen und die von den Hilfs- und Funktionswörtern erbrachten grammatikalischen Leistungen, kurz auf alle die Wortarten und Satzelemente, die weniger semantischen Zeichen- als vielmehr syntagmatischen Funktionscharakter haben. Sie prinzipiell für geringer zu veranschlagen oder sie auch einer energischen deutschen Überformung zu unterwerfen, erschien mir jedenfalls als eine läßlichere Übersetzungssünde als ein Verstoß gegen die Semantik. So habe ich wörtlich, aber – so hoffe ich – nicht ›buchstabilistisch‹ übersetzt, zwar aus dem Wortschatz, zugleich aber aus dem Sprachgeist der Zielsprache heraus.

Für eine Übersetzung, die dem bedeutungstragenden Wort die Hauptlast aufbürdet, die sich aber nicht mit dem bloß lexikalischen Umschlag von Wörtern aus einem Wörterbuch ins andere zufriedengeben möchte, lassen sich vielleicht grundsätzliche übersetzungstheoretische Legitimierungen finden, im besonderen Fall der *Fleurs du Mal* halte ich das Beharren auf der semantischen Sphäre nicht nur für angemessen, sondern geradezu für erforderlich. Denn in der Semantik liegt das Zentrum von Baudelaires Poesie, nicht wie etwa bei Verlaine in der Euphonie und im evokatorischen Klangzauber des Verses, nicht wie bei Mallarmé in der magisch-faszinosen Paralogik verschwebender Konnotationen. Baudelaire ist besessen von der Bedeutung des Worts und vom sprachlichen Bild, dem es Ausdruck gibt; den *Kult des Bildhaften* hat er seine *einzige*, seine *primitive Leidenschaft* genannt. Es ist die Bildsprache Baudelaires, diese so unerhört entwickelte suggestive Kunst, eine erfahrene und erfahrbare oder auch nur phantasierte und halluzinierte gegenständliche Welt ins Wort zu setzen, sie zu versammeln zu Bildern, Szenen, Situationen, Tableaus, Panoramen und allegorisierenden Arrangements, die alle gesättigt sind von sinnlicher Fülle der Anschauung, konkret in ihrem wahren Detail und zugleich ins Mythische und Archetypische überhöht, zum andern aber und weit mehr noch die ingeniöse ars combinatoria seiner Bild-Gedanken, seiner kühnen metaphorischen Erfindungen, seiner Tropen und Concetti, die von der barocken Allegorie und Emblematik den Bogen hinüberspannen bis zu Ausdrucksmöglichkeiten, wie sie sich erst der Surrealismus völlig erobert hat – diese Bildsprache ist es, die ich zuallererst zu ›übersetzen‹ versucht habe. Die Bewahrung der semantischen Substanz steht daher ganz im Dienst von Baudelaires Metaphorik und ihrer mimetischen Präzision und damit im Dienst der dichterischen Einbildungskraft selbst. So gesehen, wäre die möglichst getreue Restituierung der poetischen Vision das Hauptziel dieser Übersetzung; unzulänglich, wie sie bleiben muß, möchte sie doch hieran gemessen werden.

Nachweis: Diese Übersetzung bringt sechzig Stücke der *Fleurs du Mal*. Die Anordnung folgt, wie in den modernen französischen Editionen, der Ausgabe von 1861, jedoch sind die drei übersetzten *Pièces condamnées* in ihrem ursprünglichen Zusammenhang belassen. Die nur in der Ausgabe von 1868 enthaltenen Stücke sind angehängt.
Grundlage für den französischen Text sind die *Œuvres complètes*, hg. v. C. Pichois, Paris 1975/76, 2 Bde. (Bibliothèque de la Pléiade).
Die Anmerkungen sind dieser Ausgabe, den durch A. Adam in der Reihe der Classiques Garnier herausgegebenen *Fleurs du Mal* sowie der von F. Kemp und C. Pichois veranstalteten deutschen Ausgabe der *Sämtlichen Werke* verpflichtet.

BIO-BIBLIOGRAPHIE

Charles-Pierre Baudelaire wird am 9. April 1821 in Paris geboren. Sein Vater, Joseph-François Baudelaire, bei der Geburt des Sohns bereits zweiundsechzig Jahre alt, stirbt früh (1827); die um über dreißig Jahre jüngere Mutter, Caroline Archenbaut Defayis (auch Dufaÿs oder Dufays), heiratet 1828 ein zweites Mal: den damaligen Bataillonschef und späteren General Jacques Aupick, der 1848 zum französischen Gesandten in Konstantinopel ernannt wird und 1851 als Botschafter nach Madrid geht. 1832 wird Aupick nach Lyon versetzt; Baudelaire besucht vier Jahre lang das dortige Collège Royal. 1836 nach Paris zurückgekehrt, wird er Schüler des Collège Louis-le-Grand, das er 1839 wegen einer geringfügigen Unbotmäßigkeit verlassen muß. Er nimmt Privatunterricht und erwirbt als Externer sein Bakkalaureat, beginnt dann in Paris ein Jurastudium, ohne aber je ernsthaft die Vorlesungen zu besuchen. Wegen seines Umgangs mit Literaten und Prostituierten verordnet ihm sein Stiefvater eine längere Seereise, die bis nach Kalkutta gehen soll: Im September 1841 ist Baudelaire auf Mauritius, danach auf der Île Bourbon (La Réunion), wo er sich weigert, die Reise fortzusetzen. Im Februar 1842 wieder in Frankreich zurück, nimmt er ohne Zögern sein ungebundenes Leben wieder auf. Nachdem er im Laufe der nächsten zwei Jahre etwa die Hälfte seines väterlichen Erbteils in Höhe von 100 000 Goldfrancs durchgebracht und sich darüber hinaus durch den gedankenlosen Ankauf von Bildern für zeitlebens verschuldet hat, läßt ihn die Familie ab 1844 finanziell bevormunden. Baudelaire erhält eine sehr bescheidene Rente von monatlich 200 Francs zugesprochen, die gerade ausreicht, ihm ein Leben als Bohémien zu ermöglichen; ständige Wohnungswechsel und Flucht vor Gläubigern gehören von nun an zu seinen alltäglichen Erfahrungen. 1842, unmittelbar nach seiner Rückkehr von der Seereise, lernt Baudelaire die Mulattin Jeanne Duval kennen, eine exotische Schönheit von zweifelhaftem Ruf, die eine Zeitlang als Soubrette in einem kleinen Theater am linken Seine-Ufer aufgetreten war. Mit ihr, der *Vénus noire* der *Fleurs du Mal*, lebt er lange Jahre in wechselnden Verhältnissen zusammen. Auch als die erotische Beziehung längst schon erkaltet ist, sorgt Baudelaire in aufopfernder Weise für Jeanne, bis er sie nach fast zwei Jahrzehnten 1861 endgültig verläßt. Außer ihr und der Schauspielerin Marie Daubrun, der *Frau mit den grünen Augen*, spielt im Leben des Dichters vor allem Madame Sabatier eine Rolle, eine vielumworbene Schönheit des Second Empire, die in Paris einen glänzenden literarischen und politischen Salon unterhält und der Baudelaire sich über Jahre hinweg nur durch seltsam mystifizierende Briefe, denen er seine Gedichte beilegt, vertraulicher zu nähern wagt. Jeder der drei Frauen ist ein eigener Zyklus in den *Fleurs du Mal* gewidmet.

Als Schriftsteller beginnt Baudelaire ab 1845 hervorzutreten, als Lyriker mit dem gelegentlichen Abdruck von Gedichten, vor allem jedoch als Kunstkritiker, der an die seit Diderot lebendige Tradition der *Salons* anknüpft *(Salons* von 1845, 1846 und 1859). Selbst ein ungewöhnlich begabter Zeichner, ist Baudelaire mit vielen Künstlern seiner Zeit befreundet; er setzt sich besonders für Delacroix, Guys und Daumier ein. Zentral für Baudelaires schriftstellerische Entwicklung wird die Bekanntschaft mit dem Werk Edgar Allan Poes (ab 1847), den er mit Hingabe übersetzt und über den er sich in enthusiastischen Essays äußert. Baudelaire übernimmt vor allem Poes poetologisches Programm, das Lyrik nicht mehr als Erzeugnis irrationaler Inspiration und als spontanen und eruptiven Ausdruck des Gefühls, sondern als bewußten artifiziellen Akt, als Produkt eines intellektuell steuerbaren und logisch kalkulierenden Kunstwillens begreift. Seine Erfahrungen mit Rauschgift schildert Baudelaire in der Prosa-Schrift *Le Haschisch – De l'Idéal artifi-*

ciel (auch *Le Poème du Haschisch*), 1858 (hervorgegangen aus dem Essay *Du Vin et du Haschisch...*, 1851), die er 1860 zusammen mit einer freien Bearbeitung von De Quinceys *Confessions of an English Opium-Eater* zu dem Band *Les Paradis artificiels* vereinigt.

1857 erscheinen, jahrelang vorangekündigt und dem Publikum durch Vorabdruck bereits zur Hälfte bekannt, die *Fleurs du Mal*, ein Band mit hundert Gedichten nebst dem Zueignungsgedicht *Au lecteur* (frühere, dann verworfene Titel: *Les Lesbiennes* und *Les Limbes*, ›Die Vorhölle‹). Das Buch, von der Tagespresse mit denunziatorischem Hohn begrüßt, ruft sogleich den Staatsanwalt auf den Plan, der eben erst auch gegen Flauberts *Madame Bovary* tätig geworden war. Baudelaire und seine Verleger werden angeklagt und trotz der beredten Unterstützung durch Freunde und so anerkannte Schriftsteller wie Gautier, Banville, Sainte-Beuve und Barbey d'Aurevilly des Vergehens der »Beleidigung der öffentlichen Moral und der guten Sitten« für schuldig befunden. Sie werden zu Geldstrafen verurteilt, sechs der Gedichte (*Les bijoux, Le léthé, A celle qui est trop gaie, Lesbos, Femmes damnées* und *Les métamorphoses du vampire*) werden verboten wegen der »verderblichen Wirkung der dem Leser vorgeführten Bilder«, die durch ihren »das Schamgefühl verletzenden krassen Realismus notwendigerweise zur Aufreizung der Sinne« führen müßten. Die gleichfalls erhobene Anklage wegen Gotteslästerung wird fallengelassen. Die zweite Auflage des Werks erscheint 1861; die indizierten Stücke fehlen, zweiunddreißig neue sind hinzugekommen.

Im gleichen Jahre veröffentlicht Baudelaire seinen Aufsatz *Richard Wagner et »Tannhäuser« à Paris*, in welchem er leidenschaftlich für Wagners Musik und gegen jene *bourgeoise jeunesse dorée* des Jockey-Clubs Partei ergreift, die den *Tannhäuser*-Skandal in Paris provoziert hatte. Ab 1857 erscheinen die *Petits Poèmes en prose* (unter dem Titel *Le Spleen de Paris* vollständig postum 1869), mit denen Baudelaire, anknüpfend an den Spätromantiker Aloysius Bertrand, gleichsam eine neue Gattung der lyrischen Poesie begründet, die über Rimbaud (*Une Saison en Enfer; Les Illuminations*) und die Surrealisten die moderne Lyrik kaum weniger beeinflußt hat als die *Fleurs du Mal*. Ebenfalls 1861 wagt Baudelaire, von Sainte-Beuve nur mit erschrockener Halbherzigkeit unterstützt, den Versuch einer Aufnahme in die Académie Française, zieht aber, als sich ein Skandal abzeichnet, wie dreißig Jahre später Verlaine die Kandidatur zurück. Von den großen französischen Lyrikern der Moderne im 19. Jahrhundert ist keiner unter die Unsterblichen aufgenommen worden.

Ab 1864 unternimmt Baudelaire mehrere Reisen nach Belgien, wo er Vorträge hält und wo er sich vor allem um Verhandlungen über eine Gesamtausgabe seiner Werke bemüht, von der er sich eine Besserung seiner verzweifelten finanziellen Situation erhofft. Die Verhandlungen scheitern; Baudelaire kompensiert seine deprimierenden belgischen Erfahrungen in einer Reihe satirischer Gedichte (*Amoenitates Belgicae*) und in Entwürfen zu dem Pamphlet *Pauvre Belgique!* 1866 bringt sein Freund und Verleger Poulet-Malassis in Brüssel eine Sammlung von insgesamt 23 Gedichten unter dem Titel *Les Épaves* heraus, die neben einigen bisher verstreut gedruckten neuen Stücken auch die sechs inkriminierten der *Fleurs du Mal* enthält! Einige weitere Stücke erscheinen als *Nouvelles Fleurs du Mal* im gleichen Jahr im *Parnasse Contemporain*. Auch der Band *Les Épaves* wird verboten; der Strafgerichtshof in Lille verurteilt Poulet-Malassis, der im belgischen Exil lebt, in absentia zu einer Gefängnisstrafe von einem Jahr und zu einer Geldbuße von 500 Francs.

Bei Baudelaire machen sich inzwischen ernste gesundheitliche Störungen bemerkbar, hauptsächlich wohl als Folge einer früh erworbenen Syphilis. 1860 erleidet er einen ersten Gehirnschlag, zeitweilig fühlt er sich *am Rande des Selbstmords*. Im Januar 1862 wird ihm *ein seltsam vorbedeutendes Zeichen* zuteil: *Ich spürte, wie ein Wehen von den Flügeln der Verblödung über mich hinstrich*. Im Februar 1865 notiert er einen zweiten *teuflischen Anfall*,

und im März 1866, in Namur Gast des belgischen Radierers und Illustrators Félicien Rops, der das Frontispiz zu den *Épaves* geliefert hatte, bricht er bei einem Besuch der Kirche Saint-Loup zusammen; linksseitige Lähmung, Aphasie und Agraphie stellen sich ein. Nach Frankreich zurückgebracht, stirbt Baudelaire, ohne die Fähigkeit der Sprache wiedererlangt zu haben, am 31. August 1867.
Im Jahr darauf veranstalten seine Freunde Charles Asselineau und Théodore de Banville im Rahmen einer ersten Gesamtausgabe die dritte, ›definitive‹ Edition der *Fleurs du Mal*, die gegen die zweite um weitere fünfundzwanzig Stücke vermehrt ist, die meisten davon entstammen den *Épaves* und den *Nouvelles Fleurs du Mal*. Gautier, dem als dem *Unfehlbaren Dichter* und dem *Vollkommenen Magier französischer Dichtung* die erste Ausgabe der *Fleurs du Mal* gewidmet war, stellt dieser dritten ein großes Vorwort voran, das bis heute zum Besten gehört, was über sie gesagt worden ist. Die immer noch verbotenen *Pièces condamnées* (das Urteil gegen sie wird erst 1949 aufgehoben!) publiziert Poulet-Malassis zusammen mit den nicht in die Ausgabe von 1868 aufgenommenen Texten der *Épaves* ein Jahr später in dem Band *Complément aux Fleurs du Mal de Charles Baudelaire*, der es in schneller Folge auf drei Auflagen bringt. Obwohl die postume Edition der *Fleurs du Mal* weder in Textanordnung noch Textgestalt heute als maßgebend angesehen wird, ist sie es doch gewesen, die – später häufig mit den *Pièces condamnées* als Beigabe – Baudelaires Ruhm in der zweiten Hälfte des 19. Jahrhunderts begründet hat. Hatten die zu Lebzeiten des Dichters erschienenen beiden Ausgaben mit ihren nicht mehr als insgesamt 2 600 Exemplaren nur einen kleinen Kreis der zeitgenössischen Leser erreicht, so entwickelten sich die *Fleurs du Mal* nach dem Tod ihres Autors schnell zu einem der wirkungsmächtigsten Bücher der französischen Literatur. Als letztes großes Werk aus der Tradition der Romantik – deren Summe sie ziehen mit einer historischen Verspätung, die sie schon fast als unzeitgemäß erscheinen läßt – markieren sie zugleich (zusammen mit Flauberts *Madame Bovary*) den Beginn der literarischen Moderne; in beinahe alle europäischen Sprachen übersetzt, haben sie den größten Einfluß auf die Entwicklung der modernen Lyrik genommen. Symbolismus, L'art pour l'art, Décadence, Fin de siècle, Neuromantik – alles, was sich in der zweiten Jahrhunderthälfte unter so vielen verschiedenen Namen im Willen zu einer neuen Form des lyrischen Ausdrucks zusammenfand, hat sich auf Baudelaire berufen und ihn auf je eigene Weise sich anverwandelt; Verlaine, Rimbaud, Mallarmé, Swinburne, d'Annunzio, George sind ohne Baudelaire nicht zu denken. In unserem Jahrhundert waren es Valéry und die französischen Surrealisten, waren es die deutschen Expressionisten, Trakl vor allem oder Heym, waren es T. S. Eliot und, gebrochen gewiß und modifiziert durch die zentrale Mittlerschaft Mallarmés, die spanischen Lyriker und die Autoren des italienischen Hermetismus, in deren Poesie das Beispiel der *Fleurs du Mal* noch einmal einen machtvollen Widerhall fand. In seiner Wirkung sowohl als in seinem künstlerischen Rang steht Baudelaires Buch längst gleichrangig neben den anderen großen Lyrik-Zyklen der Weltliteratur, neben dem *Canzoniere*, neben Shakespeares *Sonetten* oder dem *West-östlichen Divan*.

Erste Ausgaben der *Fleurs du Mal*

Les Fleurs du Mal, Paris 1857.
Les Fleurs du Mal, 2ᵉ éd. augmentée de 35 poèmes nouveaux, Paris 1861.
Les Épaves, Amsterdam (in Wirklichkeit Brüssel) 1866.
Nouvelles Fleurs du Mal, in: *Le Parnasse contemporain*, Paris 1866.
Les Fleurs du Mal, éd. définitive précédée d'une notice par Théophile Gautier, Paris 1868 (*Œuvres complètes*, T. 1).

Wichtigste Textausgaben

Les Fleurs du Mal, Texte de la seconde édition suivi des pièces supprimées en 1857 et des additions de 1868. Édition critique établie par J. Crépet et G. Blin, Paris 1942.

Les Fleurs du Mal. Texte de 1861, *Les Épaves, Sylves,* avec certaines images qui ont pu inspirer le poète. Édition établie par J. Pommier et C. Pichois, Paris 1959 (Club des Libraires de France).

Les Fleurs du Mal – Les Épaves – Bribes – Poèmes divers – Amoenitates Belgicae. Introduction, relevé de variantes et notes, par A. Adam, Paris 1961 (Classiques Garnier).

Les Fleurs du Mal, Édition critique J. Crépet – G. Blin, refondue par G. Blin et C. Pichois, Bd. I, Paris 1968.

Gesamtausgaben

Œuvres complètes, Paris 1868–70, 7 Bde.

Œuvres complètes, éd. critique, hg. v. F. F. Gautier und (ab 1933) Y.-G. Le Dantec, Paris 1918–37 (von 12 geplanten Bänden nur 7 erschienen).

Œuvres complètes, hg. v. J. Crépet und (ab 1952) v. J. Crépet und C. Pichois, Paris 1922–53, 19 Bde.

Œuvres, hg. v. Y.-G. Le Dantec, Paris 1931/32, 2 Bde (Bibliothèque de la Pléiade). – Verbesserte und erweiterte Ausgaben: 1954; 1961.

Œuvres, hg. v. C. Pichois, Paris 1955, 2 Bde (Le Club du Meilleur Livre).

Œuvres complètes, hg. v. C. Pichois, Paris 1976/76, 2 Bde (Bibliothèque de la Pléiade).

Deutsche Übertragungen der *Fleurs du Mal*
Die Blumen des Bösen (Stefan George), 1891, erweitert 1901, endgültige Fassung 1930; *Gedichte* (Karl Henckell), 1898; *Gedichte* (Paul Wiegler), 1900; *Gedichte in Vers und Prosa* (Camill Hoffmann und Stefan Zweig), 1902; *Blumen des Bösen* (Wolf Graf von Kalckreuth), 1907; *Blumen des Bösen* (Max und Margarete Bruns), 1908; *Die Blumen des Bösen* (Heinrich Horvát), 1908; *Die Blumen des Bösen* (verschiedene Übersetzer, hg. v. E. Oesterheld), 1908; *Des Teufels Blumen* (Martha Asmus), 1909; *Gedichte und Skizzen* (verschiedene Übersetzer, hg. v. F. Gundlach), 1909; *Die Vorhölle* (Erich Oesterheld und Heinrich Horvát), 1908; *Die Blumen des Bösen* (Otto Hauser), 1917; *Der Verworfene* (Hans Havemann), 1920, *Tableaux Parisiens* (Walter Benjamin, zweisprachige Ausgabe), 1923; *Die Blumen des Bösen* (Terese Robinson), 1925; *Ausgewählte Gedichte* (Wilhelm Hausenstein, zweisprachige Ausgabe), 1946; *Die Blumen des Bösen* (Karl Schmid), 1947; *Die schwarze Flamme* (Ernst Fischer), 1947; *Die Sonette der Blumen des Bösen* (Wilhelm Niemeyer), 1947; *Die Blumen der Verworfenheit* (Carl Fischer, zweisprachige Ausgabe), 1949 (stark verändert als *Die Blumen des Bösen,* ebenfalls zweisprachig, 1955); *Gedichte in deutschen Übertragungen* (ausgewählt von F. Kemp), 1958; *Les Fleurs du Mal / Die Blumen des Bösen* (Friedhelm Kemp, zweisprachige Prosa-Übersetzung), 1962; *Baudelaires Blumen des Bösen* (Manfred Thiel, zweisprachige Ausgabe), 1977; *Les Fleurs du Mal / Die Blumen des Bösen* (Monika Fahrenbach-Wachendorff, zweisprachige Ausgabe), 1980.

Deutsche Werkausgaben

Werke in deutscher Ausgabe, hg. und größtenteils übersetzt von M. Bruns, 5 Bde nebst Ergänzungsband, 1901–10.

Ausgewählte Werke, hg. v. F. Blei, 3 Bde, 1925. (*Die Fleurs du Mal* in der Übersetzung von Terese Robinson.)

Sämtliche Werke / Briefe, hg. v. F. Kemp und C. Pichois, 1975ff. – Von den geplanten 8 Bänden sind bisher drei erschienen, darunter als Bd. 3 und Bd. 4 die *Fleurs du Mal* und die *Nouvelles Fleurs du Mal* in der (geringfügig veränderten) Prosa-Übersetzung Kemps von 1962; beide Bände zweisprachig. Taschenbuchausgabe München 1986 (dtv).

Vollständig sind nur die Übersetzungen von Kemp in der Ausgabe der *Sämtlichen Werke* und die von Fahrenbach-Wachendorff, annähernd vollständig die Übertragungen von Robinson, Schmid, C. Fischer und Thiel.

INHALT

Au Lecteur	6	An den Leser	7
L'Albatros	10	Der Albatros	11
Correspondances	12	Entsprechungen	13
Le mauvais Moine	14	Der schlechte Mönch	15
L'Ennemi	16	Der Feind	17
Le Guignon	18	Unstern	19
Bohémiens en voyage	20	Zigeuner unterwegs	21
Don Juan aux Enfers	22	Don Juan in der Unterwelt	25
L'Idéal	26	Das Ideal	27
Les Bijoux	28	Das Geschmeide	29
Parfum exotique	34	Exotischer Duft	35
La Chevelure	36	Das Haar	37
Tu mettrais l'univers entier dans ta ruelle	40	*Du nähmest wohl die ganze Welt ins Bett hinein*	41
Sed non satiata	42	Sed non satiata	43
Le Serpent qui danse	44	Die tanzende Schlange	47
Une Charogne	50	Ein Aas	51
Le Vampire	56	Der Vampir	57
Le Léthé	58	Lethe	59
Une nuit que j'étais près d'une affreuse Juive	60	*Als ich bei einer grausen Jüdin lag zur Nacht*	61
Le Chat	62	Die Katze	63
Duellum	64	Duellum	65
Causerie	66	Unterhaltung	67
Chant d'Automne	68	Herbstgesang	69
A une Madone	72	An eine Madonna	73
Chanson d'Après-midi	76	Lied am Nachmittag	77
Sisina	80	Sisina	81
A une Dame créole	82	Einer kreolischen Dame	83
Le Revenant	84	Der Wiedergänger	85
Sonnet d'Automne	86	Herbst-Sonett	89
Tristesses de la Lune	90	Traurige Luna	91
Les Hiboux	92	Die Eulen	93
La Pipe	94	Die Pfeife	95

Sépulture	96	Grabstätte	99
Une Gravure fantastique	100	Ein phantastischer Stich	101
Spleen	102	Spleen	103
Spleen	104	Spleen	105
Spleen	106	Spleen	109
Spleen	110	Spleen	111
Alchimie de la Douleur	112	Alchimie des Schmerzes	113
Horreur sympathique	114	Sympathisches Grauen	115
Paysage	116	Landschaft	117
Le Soleil	118	Die Sonne	119
A une Mendiante rousse	120	An ein rothaariges Bettelmädchen	123
Le Cygne	128	Der Schwan	129
A une Passante	134	Einer Vorübergehenden	135
Le Squelette laboureur	136	Das Skelett als Ackersmann	137
Le Crépuscule du Soir	140	Die Abenddämmerung	141
Je n'ai pas oublié, voisine de la ville	144	*Das kleine weiße Haus, das wir am Stadtrand hatten*	145
Le Crépuscule du Matin	146	Die Morgendämmerung	147
L'Âme du Vin	150	Die Seele des Weins	151
Le Vin des Chiffonniers	152	Der Wein der Lumpensammler	153
Le Vin de l'Assassin	156	Der Wein des Mörders	157
Le Vin du Solitaire	162	Der Wein des Einsamen	163
Le Vin des Amants	164	Der Wein der Liebenden	165
Les Métamorphoses du Vampire	166	Die Verwandlungen des Vampirs	167
Un Voyage à Cythère	168	Eine Reise nach Kythera	169
L'Amour et le Crâne	174	Amor und der Schädel	175
La Voix	176	Die Stimme	177
A une Malabaraise	178	Auf ein Mädchen von Malabar	179
Les Plaintes d'un Icare	180	Die Klagen eines Ikarus	181

ANMERKUNGEN 185
ZUR ÜBERSETZUNG 190
BIO-BIBLIOGRAPHIE 193

Horst Janssen
Mit Georg Christoph Lichtenberg
Einleitung Tete Böttger

Welcher Schauplatz wäre geeigneter für die Begegnung zweier durch Jahrhunderte getrennter notorischer Selbsterkunder als ein Buch – zumal, wenn der eine ein unausgesetzt Schreibender, der andere ein fortwährend Zeichnender ist? Wo sonst vermöchten Georg Christoph Lichtenberg (»Der Immer-Denker«) und Horst Janssen (»Der Immer-Zeichner«) so subtil, originell und überraschend in Dialog zu treten; was wäre spannender zu verfolgen als die Durchkreuzung der Aphorismen, Tagebücher, Briefe des einen mit den anverwandelnden und fortspinnenden Abschriften, Bildern, Imaginationen des anderen? Welches Buch brächte mehr als 30 000 gewitzt gesetzte Worte und über 100 farbige Zeichnungen eindrucksvoller zur gemeinsamen Explosion?

240 Seiten, Leinen, Fadenheftung, Schutzumschlag,
Kanzleiformat, in 4. Auflage lieferbar
ISBN 3-88243-083-4 · DM 48,00

*

Horst Janssen
TOCKA
– Schwermut –

Die farbigen, riesigen Buntstiftzeichnungen für dieses Buch schuf Janssen im Jahr 1981 für die erste Ausstellung moderner deutscher Kunst in Moskau und Leningrad. 1985 hingen die Zeichnungen als erste westliche Kunstausstellung im Museum von Nowosibirsk in Westsibirien. Von den hier gezeichneten Porträts der russischen Dichter und ihrer Frauen wählte Kanzler Schmidt 1981 das Porträt Tolstois als Staatsgeschenk für Leonid Breschnew. 1987, anläßlich seines Besuches in Moskau, schenkte Bundespräsident Richard von Weizsäcker Michail Gorbatschow das Porträt Puschkins – in dessen 150. Todesjahr. Die Blumenzeichnungen in diesem Band gehören zu dem Tiefsten, was Janssen sich an »Schönheit« zu zeichnen erlaubt hat. Den Motiven sind Texte russischer Dichter beigegeben.

60 Seiten, Fadenheftung, Schutzumschlag, Großformat · Sonderausgabe
ISBN 3-88243-136-9 · DM 80,00

Steidl Verlag · Düstere Str. 4 · 3400 Göttingen
Bitte fordern Sie unser kostenloses Gesamtverzeichnis an!